物化历史系列

玻璃器史话

A Brief History of Glasswares in China

安家瑶 / 著

社会科学文献出版社
SOCIAL SCIENCES ACADEMIC PRESS (CHINA)

图书在版编目（CIP）数据

玻璃器史话/安家瑶著.—北京：社会科学文献出版社，2011.8
（中国史话）
ISBN 978-7-5097-2581-8

Ⅰ.①玻… Ⅱ.①安… Ⅲ.①玻璃器皿-介绍-中国-古代 Ⅳ.①K876.5

中国版本图书馆CIP数据核字（2011）第143717号

"十二五"国家重点出版规划项目

中国史话·物化历史系列

玻璃器史话

著　者 / 安家瑶

出 版 人 / 谢寿光
总 编 辑 / 邹东涛
出 版 者 / 社会科学文献出版社
地　　址 / 北京市西城区北三环中路甲29号院3号楼华龙大厦
邮政编码 / 100029

责任部门 / 人文科学图书事业部（010）59367215
电子信箱 / renwen@ssap.cn
责任编辑 / 周志静　黄　丹
责任校对 / 韩莹莹
责任印制 / 岳　阳
总 经 销 / 社会科学文献出版社发行部
　　　　　（010）59367081　59367089
读者服务 / 读者服务中心（010）59367028

印　　装 / 北京画中画印刷有限公司
开　　本 / 889mm×1194mm　1/32　印张 / 6.625
版　　次 / 2011年8月第1版　字数 / 124千字
印　　次 / 2011年8月第1次印刷
书　　号 / ISBN 978-7-5097-2581-8
定　　价 / 15.00元

本书如有破损、缺页、装订错误，请与本社读者服务中心联系更换
▲ 版权所有　翻印必究

《中国史话》编辑委员会

主　　任　陈奎元

副 主 任　武　寅

委　　员　（以姓氏笔画为序）

　　　　　卜宪群　王　巍　刘庆柱

　　　　　步　平　张顺洪　张海鹏

　　　　　陈祖武　陈高华　林甘泉

　　　　　耿云志　廖学盛

总　序

中国是一个有着悠久文化历史的古老国度，从传说中的三皇五帝到中华人民共和国的建立，生活在这片土地上的人们从来都没有停止过探寻、创造的脚步。长沙马王堆出土的轻若烟雾、薄如蝉翼的素纱衣向世人昭示着古人在丝绸纺织、制作方面所达到的高度；敦煌莫高窟近五百个洞窟中的两千多尊彩塑雕像和大量的彩绘壁画又向世人显示了古人在雕塑和绘画方面所取得的成绩；还有青铜器、唐三彩、园林建筑、宫殿建筑，以及书法、诗歌、茶道、中医等物质与非物质文化遗产，它们无不向世人展示了中华五千年文化的灿烂与辉煌，展示了中国这一古老国度的魅力与绚烂。这是一份宝贵的遗产，值得我们每一位炎黄子孙珍视。

历史不会永远眷顾任何一个民族或一个国家，当世界进入近代之时，曾经一千多年雄踞世界发展高峰的古老中国，从巅峰跌落。1840年鸦片战争的炮声打破了清帝国"天朝上国"的迷梦，从此中国沦为被列强宰割的羔羊。一个个不平等条约的签订，不仅使中国大量的白银外流,更使中国的领土一步步被列强侵占,国库亏空,民不聊生。东方古国曾经拥有的辉煌,也随着西方列强坚船利炮的轰击而烟消云散,中国一步步堕入了半殖民地的深渊。不甘屈服的中国人民也由此开始了救国救民、富国图强的抗争之路。从洋务运动到维新变法,从太平天国到辛亥革命,从五四运动到中国共产党领导的新民主主义革命,中国人民屡败屡战,终于认识到了"只有社会主义才能救中国,只有社会主义才能发展中国"这一道理。中国共产党领导中国人民推倒三座大山,建立了新中国,从此饱受屈辱与蹂躏的中国人民站起来了。古老的中国焕发出新的生机与活力,摆脱了任人宰割与欺侮的历史,屹立于世界民族之林。每一位中华儿女应当了解中华民族数千年的文明史,也应当牢记鸦片战争以来一百多年民族屈辱的历史。

当我们步入全球化大潮的21世纪,信息技术革命迅猛发展,地区之间的交流壁垒被互联网之类的新兴交流工具所打破,世界的多元性展示在世人面前。世界上任何一个区域都不可避免地存在着两种以上文化的交汇与碰撞,但不可否认的是,近些年来,随着市场经济的大潮,西方文化扑面而来,有些人唯西方为时尚,把民族的传统丢在一边。大批年轻人甚至比西方人还热衷于圣诞节、情人节与洋快餐,对我国各民族的重大节日以及中国历史的基本知识却茫然无知,这是中华民族实现复兴大业中的重大忧患。

中国之所以为中国,中华民族之所以历数千年而不分离，根基就在于五千年来一脉相传的中华文明。如果丢弃了千百年来一脉相承的文化，任凭外来文化随意浸染，很难设想13亿中国人到哪里去寻找民族向心力和凝聚力。在推进社会主义现代化、实现民族复兴的伟大事业中，大力弘扬优秀的中华民族文化和民族精神，弘扬中华文化的爱国主义传统和民族自尊意识，在建设中国特色社会主义的进程中，构建具有中国特色的文化价值体系，光大中华民族的优秀传统文化是一件任重而道远的事业。

当前，我国进入了经济体制深刻变革、社会结构深刻变动、利益格局深刻调整、思想观念深刻变化的新的历史时期。面对新的历史任务和来自各方的新挑战，全党和全国人民都需要学习和把握社会主义核心价值体系，进一步形成全社会共同的理想信念和道德规范，打牢全党全国各族人民团结奋斗的思想道德基础，形成全民族奋发向上的精神力量，这是我们建设社会主义和谐社会的思想保证。中国社会科学院作为国家社会科学研究的机构，有责任为此作出贡献。我们在编写出版《中华文明史话》与《百年中国史话》的基础上，组织院内外各研究领域的专家，融合近年来的最新研究，编辑出版大型历史知识系列丛书——《中国史话》，其目的就在于为广大人民群众尤其是青少年提供一套较为完整、准确地介绍中国历史和传统文化的普及类系列丛书，从而使生活在信息时代的人们尤其是青少年能够了解自己祖先的历史，在东西南北文化的交流中由知己到知彼，善于取人之长补己之短，在中国与世界各国愈来愈深的文化交融中，保持自己的本色与特色，将中华民族自强不息、厚德载物的精神永远发扬下去。

《中国史话》系列丛书首批计200种，每种10万字左右，主要从政治、经济、文化、军事、哲学、艺术、科技、饮食、服饰、交通、建筑等各个方面介绍了从古至今数千年来中华文明发展和变迁的历史。这些历史不仅展现了中华五千年文化的辉煌，展现了先民的智慧与创造精神，而且展现了中国人民的不屈与抗争精神。我们衷心地希望这套普及历史知识的丛书对广大人民群众进一步了解中华民族的优秀文化传统，增强民族自尊心和自豪感发挥应有的作用，鼓舞广大人民群众特别是新一代的劳动者和建设者在建设中国特色社会主义的道路上不断阔步前进，为我们祖国美好的未来贡献更大的力量。

陈奎元

2011年4月

⊙安家瑶

作者小传

安家瑶，女，1947年8月出生于北京，原籍山东烟台。现任中国社会科学院考古研究所研究员；中国社会科学院研究生院考古系博士生导师；西北大学兼职教授；德意志考古研究院通讯院士；中国文物学会副会长；中国古迹遗址保护协会副理事长；曾任国际哲学与人文科学理事会副主席。享受国务院颁发政府特殊贡献津贴。

1982年毕业于中国社会科学院研究生院考古系，获历史学硕士学位，从师于北京大学考古系主任宿白教授。1982年后留中国社会科学院考古研究所工作，长期从事唐长安城的考古发掘和研究，主持多项重要考古发掘。在中国古代玻璃和东西交流研究方面有较深入的研究，成果已被国内外学术界广泛引用。

目 录

引 言 …………………………………… 1

一 中国玻璃起源的探讨 …………………… 4
  1. 什么是玻璃 …………………………… 4
  2. 从历史文献出发探讨玻璃起源问题的
     困惑 …………………………………… 8

二 中国玻璃的诞生阶段 …………………… 12
  1. 中国发现的最早的玻璃 ……………… 12
  2. 玻璃"蜻蜓眼"的传入与发展 ………… 16
  3. 典型中国风格的玻璃制品的出现 …… 25

三 中国玻璃的仿玉时代与罗马玻璃的进口 …… 33
  1. 中原地区铅钡玻璃的继续繁荣 ……… 33
  2. 广西地区的钾玻璃之谜 ……………… 46
  3. 罗马玻璃的进口 ……………………… 57
  4. 中国铅钡玻璃的东传 ………………… 63

四 西方玻璃的大量进口和吹制技术的引入 …… 69
1. "斗富"与西方玻璃的进口 …… 69
2. 玻璃吹制法在中国的采用 …… 87

五 玻璃制造的中兴 …… 93
1. 玻璃制造的新阶段 …… 93
2. 佛教舍利瘗埋与玻璃器 …… 108
3. 丝绸之路与玻璃贸易 …… 120

六 中国玻璃制造的世俗化 …… 141
1. 对玻璃认识的澄清 …… 141
2. 宋辽玻璃器的类型和特征 …… 144
3. 伊斯兰玻璃的继续输入 …… 154

七 中国玻璃制造的衰落与复兴 …… 170
1. 玻璃名称的最后确立 …… 171
2. 元明玻璃制造的衰落 …… 174
3. 清代玻璃制造的复兴 …… 181

参考书目 …… 190

引 言

　　玻璃是人类最早发明的人造材料之一。

　　很多人对玻璃这种材料有着错误的印象，以为玻璃是一种近代或现代才发明的年轻材料。这是一个错误的观念。玻璃是人类随着文明的诞生而发明的最古老的人造材料之一。在人类发展历程中，陶是人类发明的最古老的人造材料，发明于距今约1万年前的新石器时代。当人类迈进文明时代后，有几个重要因素相继产生，即国家、城市、文字和金属器。从世界范围看，人类最早发明的金属器是青铜器，青铜即铜锡合金，产生于公元前40世纪末的两河流域，最早的铁器发明于公元前15世纪的小亚细亚。而玻璃器的发明则介于青铜器和铁器之间，大约诞生于公元前25～前23世纪的两河流域，距今起码有4000余年的历史。中国的玻璃制品出现较晚，现有出土玻璃，最早的出现在春秋末战国初的墓葬中，距今也有2500年的历史了。

　　玻璃在历史上曾是最昂贵的材料之一。

　　很多人对玻璃还有一个错误的观念，认为玻璃是一种便宜的普通材料。这是因为在今天,玻璃是人们日常生活中最常见的普通材料,但历史上它曾是最华美最昂贵的材料之一。其他人造材料自发明后很快就被作为生产和生活用具的材料,但玻璃从产生起经历了两三千年的漫长岁月,直到吹制法发明后,才逐步转变为日常用品的材料。在此之前,玻璃以其美丽的色彩、坚实的质地、极少的数量,一直是少数上层人士才能享用的奢侈品。《旧约·约伯记》28章提到"黄金和玻璃不能与智慧相比",《旧约》的成书年代一般认为是在公元前4世纪。由此可以看出,直到公元前4世纪的西亚,玻璃的价值仍然和黄金相提并论。在我国的历史上也是如此。明代之前,精美的玻璃器的价值高于黄金。

玻璃自诞生起就是受欢迎的贸易品。

由于玻璃器华美、昂贵,在历史上与黄金、白银、宝石一样,是重要的贸易商品。古代的人们,特别是上层社会,像今天一样,喜欢来自外埠的新颖别致的商品,玻璃器也是他们追求的物品之一。公元前20世纪的两河流域和埃及的玻璃难辨源流,应是早期玻璃贸易频繁的证据。罗马帝国时期的玻璃和伊斯兰阿拉伯帝国时期的玻璃制品远销到旧大陆的各个角落,中国、日本和朝鲜半岛都出土了西亚的玻璃器。

中国古代的玻璃在世界玻璃史上是风格独特的一支。它与其他世界性的玻璃生产中心的产品既有某种联系,又相对独立。尽管玻璃制造业没能发展成我国古代的主要手工业门类,但自战国初年以来,我国玻璃业始终持续而缓慢地发展,并与世界玻璃业保持交流。研究中国古代玻璃的发生发展过程,可以从一个侧面了解我国古代社会人们活动的面貌,特别是审美观、价值观、宗教观的变化和古代中国与外国文化技术的交流,这也是笔者编写本书的目的。

一　中国玻璃起源的探讨

中国古代玻璃的起源，一直是学术界讨论的问题。中国国内主要有两派学说：一是自创说，即中国古代玻璃的产生没有受到外来影响，是独立发明的；二是传播说，即中国古代玻璃的产生受到了西方玻璃产品和技术的影响。从目前考古发掘的资料来看，传播说的证据更充足一些。

探讨中国玻璃的起源，必须首先明确什么是玻璃，玻璃的结构、特征，玻璃的制造方法，玻璃与其他材料的区别诸问题。

什么是玻璃

我们在日常生活中遇到的大多数固态无机物都由晶体构成，如水晶、食盐等；玻璃却是例外，虽然它看起来亮晶晶、非常坚硬，但却不是晶体，而是一种非晶态的固体材料。

晶体都有固定的熔点。熔融的晶体可以任意改变形状，其内部元素之间虽然相互联系，但排列并不规则,当温度下降到熔点以下时,其结构会发生突然变化,分子形成特定的几何形状,分子之间排列成非常规则的格子状或重网状,凝结成固态。非晶态物质却没有固定的熔点。玻璃就是这样。当温度下降时,玻璃液变得越来越黏稠,直至成为固体,其间,内部结构并没有发生明显改变,仍然保持着液态不规则的状况。因此,玻璃没有固定的熔点,只有一个软化的温度范围。玻璃是内部仍保持液态结构的固态物质,所以有人认为,把玻璃看做是一种状态,比看做是一种材料更合适;也有人认为,玻璃是物质的固态、液态、气态之外的第四种状态。

熔制玻璃的原料很简单。石英砂(SiO_2)是主要原料,单纯用石英砂就可以制成石英玻璃。但石英砂的熔点很高,要在1700℃以上的高温下才能熔化。这样高的温度在一般条件下很难达到,在古代更是无法达到的,这就需要加进助熔剂来降低熔制温度。一般常用的助熔剂是自然纯碱(Na_2CO_3)、草木灰(K_2CO_3)或铅丹(Pb_3O_4)。此外还需要加进一些石灰石($CaCO_3$)作为稳定剂。有了石英砂、助熔剂和稳定剂这三种原料,经过熔化、成形和退火,即能制造出简单的玻璃。这里需要强调的是,玻璃制作的工艺程序是先将原料熔融,然后再塑造成一定器形。如果原料未被完全熔融,其内部必然存在大量晶态二氧化硅,也就不能称其为玻璃。所以我们一般把先熔融、后成形的非晶态无机物称为玻璃。

掌握了玻璃的定义,并不等于在实践中能识别玻璃。玻璃与天然宝石、釉陶、费昂斯在外观上都有一些相似之处，只有在众多古代材料中正确地鉴别出玻璃，才能研究古代玻璃的起源和发展。

玻璃与天然宝石最难区分。玻璃有透明的、半透明的和不透明的，也有各种颜色的，自古至今，玻璃经常用来仿制各种天然宝石。掌握了玻璃的物理性质，观察材料内是否含有气泡、光泽程度和断口状态三个方面，有助于我们用肉眼区别玻璃与天然宝石。古代玻璃内含有气泡，而天然宝石不含气泡。在玻璃的熔制过程中会产生很多气体。例如原料中的石灰石一经加热就分解成为氧化钙和二氧化碳。玻璃液的黏度很大，二氧化碳很难全部排出。在玻璃液冷却固化后，一些小气泡就留在玻璃里。现在用先进的熔制技术，可以获得无气泡的玻璃，但古代的技术还达不到那么先进，因此古代玻璃中都含有小气泡，一般都能用肉眼看到。光泽是指材料磨光表面对可见光反射的能力，反射率越大，材料的光泽就越强。在矿物学中将光泽的强度由强而弱分为四个等级：金属光泽、半金属光泽、金刚光泽和玻璃光泽。金刚石等天然宝石的磨光面的光泽一般都强于玻璃。断口是指材料在外力打击下破裂而形成的断开面，是鉴定玻璃和其他矿物的一种辅助手段。玻璃的断口呈贝壳状，而且光亮如新，很有特点，而一般玉石的断口多粗糙无光。一些较难用肉眼确定的材料，还可以采用多种现代测试手段来鉴定是否是玻璃。

陶瓷表面涂盖的釉和金属表面的珐琅都是玻璃态

物质，但是釉和珐琅不能单独制成器物，只能用来涂盖其他材料，构成表面层，而且釉和珐琅的制作工艺与玻璃完全不同。所以在一般情况下，我们并不称它们为玻璃。

费昂斯（faience）是一种在外观和原料上都与玻璃相似的材料。美索不达米亚和埃及地区从公元前4000年、印度从公元前3000年都开始生产费昂斯制品，有些地区费昂斯的生产一直延续到14世纪。费昂斯虽然有多种类型，但它的主体材料一般都是磨细的石英砂。费昂斯由石英砂掺和少量碱水、塑成一定形状后，加热到900℃左右而制成。其表面的二氧化硅熔融后，形成一薄层光亮的釉；内部石英颗粒的表面在碱和温度的作用下也熔融，互相黏结在一起，但石英颗粒的内部并没有熔融，仍保持晶体状态。由于这种材料的主要成分是结晶态的石英粉末，制作工艺程序是先成形后烧结，所以也不能称做玻璃。有人根据费昂斯制品表面常可见到涂盖的釉层，将费昂斯制品归类到釉器。

玻璃的起源问题至今仍不甚清楚。目前学术界有几种推测：一种观点认为陶釉的成分与玻璃相似，又早于玻璃，应该是玻璃的鼻祖；一种观点认为玻璃虽然是非金属，但是制造玻璃的工艺过程与金属冶炼成型过程极为相似，玻璃又诞生在铜器时代，因此玻璃的发明可能受到炼铜废渣的启示；另一种观点认为费昂斯与玻璃在成分上相似，玻璃的出现逐步取代了费昂斯制品，因此玻璃的发明应与费昂斯有直接关系。

玻璃的起源到底与什么有直接关系，国外的讨论文章很多，认识不统一，但是有一点大家都很清楚，即釉、金属和费昂斯都不是玻璃，不能与玻璃混淆在一起讨论。

有的研究者提出中国西周早期即能生产玻璃，推测中国自制玻璃的历史还能提早几个世纪，并且要站在西周早期或先周生产玻璃的基点上，往上追溯，继续探讨殷商时期的玻璃及其起源。提出"西周玻璃"的依据是在西周墓葬和遗址中曾出土很多人造彩色珠、管。这些人造珠、管外表呈白色、浅绿色、浅蓝色、浅粉色，不透明，一部分表面有釉，一部分表面看不到明显的釉；断口通常是白色糙面，质地疏松，手捏即碎；在显微镜下观察，可见大量尖锐的有棱角的石英颗粒。这种材料不能称做玻璃，而应称做费昂斯。我国的一些玻璃科研单位的试验室对其中一些样品进行了多种方法的鉴定，测试结果表明，这类人造珠、管内部90%以上是晶体状二氧化硅，而不是玻璃。有人不愿采用这种材料的外文译名——费昂斯，而命名这种珠子为"人造多晶石英珠"。

从目前的研究来看，还没有足够证据证明中国西周时期已能生产玻璃。

从历史文献出发探讨玻璃起源问题的困惑

研究古代玻璃主要有两种方法，一是历史学方法，即依据古代文献的记载，进行去粗取精、去伪存真的研究，解决玻璃史上的一系列问题；一是考古学方法，即根据考古发掘出来的玻璃作坊遗址或玻璃实物，对玻璃实物的器形、工艺、纹饰、成分等方面进行比较研究，得出各时代玻璃器物的具体特征，再与文献结合，进行综合研究。近几十年中，现代考古学的迅速发展，为自然科学史的研究开拓了广阔的道路，考古学正在成为古代玻璃研究的最重要的方法。很多实例都证明，在没有考古实物验证的情况下，仅靠研究文献是难以得出可靠结论的。

最早的明确记录玻璃发明经过的文献是罗马博物学家大普林尼（Pliny）的《自然史》，写于公元1世纪70年代。书中写道，腓尼基商船从非洲运载了一船天然纯碱，一天傍晚，商船停泊在勃路斯河（Belus）的入海口宿营，沙滩上找不到石块，商人们就从船上搬来碱块支起锅烧饭，出乎意料的是火底下流出来闪亮的玻璃液，玻璃就这样发明了。我们知道，勃路斯河口的纯净沙子的确是制造玻璃的优质原料，腓尼基、叙利亚海岸也曾是希腊化时期的玻璃生产中心，但是由于两河流域和埃及地区多次发现远远早于希腊化时期的玻璃制品，说明腓尼基、叙利亚海岸不可能是玻璃的发源地。因此大普林尼关于玻璃发明的那段记载就不能被看做是信史，而只能当做是故事。

我国玻璃史研究中也出现过类似情况。新中国成立前，在玻璃器的实物出土还不多的时候，老一辈学者曾对中国文献中有关玻璃的记载作过详细周密的研究。他们碰到的第一个难题就是难以确定文献中玻璃的名称。很多人认为,较早的玻璃名称是"流离",西汉扬雄的《校猎赋》中有"方椎夜光之流离,剖明月之珠胎"句。流离在这里肯定是指某件东西,很可能是指玻璃或玻璃质的釉;也有人以同样的理由认为是指某种珍贵的蓝宝石。《汉书》中还提到"璧流离",有人认为是指玻璃璧,但也有人认为璧流离是青玉。总之,汉代文献中还没有明确肯定流离是玻璃。公元三四世纪以后的文献才有比较明确的记录,如《南州异物志》中记有"琉离本质是石,欲作器,以自然灰治之"。但是直至唐代,很多人仍然分不清玻璃是天然之物还是人工之物。唐代著名学者颜师古在为《汉书·西域传》作注时说:"《魏略》云大秦国出赤、白、黑、黄、青、绿、缥、绀、红、紫十种流离。孟(康)言青色,不博通也。此盖自然之物,采泽光润,踰于众玉,其色不恒。今俗所用,皆销(冶)石汁,加以众药,灌而为之,尤虚脆不贞,实非真物。"玄应在《一切经音义》中也把玻璃分为天然琉璃和人工琉璃。西安何家村窖藏中的一个提梁大银罐里装有一件圆圈纹玻璃杯、一件水晶碗,罐盖里面题记是"琉璃杯碗各一",当时水晶碗和玻璃杯显然都称为琉璃器。

"玻璃"或"颇黎"一词出现得比"琉璃"要晚。直到唐代,人们都把天然宝玉称为"颇黎"。慧琳在《一切经音义》中说:"颇胝,梵言塞颇胝迦,此云水玉或言白珠,旧言颇黎是也。大论云此宝出山石窟中,过千年冰为颇黎珠。案:西域暑热无冰,极饶此物,非冰所出,但石之类。"何家村窖藏出土的提梁大银罐罐盖里有题记"颇黎等十六段",罐内装有蓝宝石7块、紫宝石2块、翠玉6块、黄精1块,共计16块。显然,唐人把这几种天然宝石、美玉都称为"颇黎"。

唐代的"玻璃"一词并不是指玻璃;"琉璃"一词既指玻璃,也指某些天然材料。这已得到文献和考古实物的印证。魏晋南北朝时期"玻璃"一词的含义可能与唐代没有太大差异。汉代"流离"和"璧流离"是否指玻璃,至今还没有足够的材料来证明。我国战国时期的玻璃名称至今尚不清楚,开展这方面的研究讨论非常重要。有的学者认为战国时期"陆离"一词是汉代"流离"的转音,从而把"陆离"解释为玻璃。如前所述,目前汉代的"流离"是否指玻璃还不能下十分肯定的结论,如果没有新的考古材料作为凭据,仅根据音韵来推测"陆离"就是战国时的玻璃,也是缺乏根据的。

我国文献中还有一些名称可能是指玻璃,如五色玉、水精、水玉、药玉、罐子玉、假玉、硝子等,但这些名称也都存在上述问题,即难以确定它们的使用范围,以及它们是否与某些非玻璃材料混用。由于文献记载含糊不清,越来越多的研究者把研究重点从文献研究转到考古出土的玻璃实物研究上,并且认识到只有考古实物与当时的文献相互印证的时候,我们的研究才能立在坚实可靠的基础上。新中国成立后各地陆续出土了一批玻璃器,这些玻璃实物为我们提供了可靠的地点、年代、器形、纹饰、成分、制造工艺、实际用途等资料,今天我国古代玻璃研究的成绩,主要是在这批实物研究的基础上取得的。

二 中国玻璃的诞生阶段

1. 中国发现的最早的玻璃

西周墓葬出土的人造彩色珠、管，经过科学测定，已经确定不是玻璃，而是费昂斯珠管或称做人造多晶石英珠。那么符合现代玻璃定义的真正的玻璃制品最早是什么时候在中国出现的呢？根据考古发掘资料，到目前为止，我国最早的玻璃出现在春秋末年。

（1）勾践剑上的蓝色玻璃。湖北江陵望山1号墓出土的保存完好的越王勾践剑震惊了学术界。这把剑剑长55.7厘米，剑首向外翻卷作圆箍形，内铸十一道极细小的同心圆圈；剑身饰菱形暗纹，近格处有两行鸟篆铭文："越王鸠浅（勾践）自乍（作）用鐱（剑）"。这把剑出土时，寒光闪闪，仍很锋利。最令研究中国古玻璃的学者惊喜的是，这把剑剑格两面镶嵌了玻璃和绿松石，构成精美的图案。镶嵌的玻璃块仅剩两块，呈浅蓝色，半透明，内含较多小气泡。两块玻璃形状不同，一块呈球冠形，另一块形状不规则，直径都不足一厘米。

越王勾践是春秋末越国的君王，在位之年为公元前497年至前465年。越王勾践剑及剑上镶嵌的玻璃块也应是春秋末年制造的。

该剑上的玻璃块经过质子X荧光无损分析，从能谱图上可以看出玻璃中含有一定量的钾和钙。由于测试手段上的原因，钠元素很难测出，所以不能确定该玻璃中是否含有钠，但不含铅是肯定的，应是碱玻璃。

（2）夫差剑上的无色透明玻璃。河南辉县琉璃阁发现的吴王夫差剑，也是一件不可多得的珍品。其制作精巧玲珑，形式新颖，花纹工整细致，剑身上阴刻有篆字铭文"攻吾王夫差，自作其元用"，为该剑的制作时间和隶属提供了可靠的证据。铭文中的"攻吾"是春秋时吴国的国名，因此该剑的主人是春秋时吴王夫差。

该剑经过检验，剑身是用锡、铜铸造而成，含铅不多，并含有微量的镍。剑柄和剑格均呈黑色，含有硫。最重要的是，在夫差剑剑格的一面嵌有三小块玻璃。玻璃块呈圆形，直径不足一厘米，无色透明，稍泛绿色，透明度较好，内含小气泡。经X荧光无损分析，可以确定是玻璃。其中含有大量的硅，也有一定数量的钙和微量的铜。由于X荧光无损分析无法测出玻璃内是否含有钠等轻金属，所以我们还无法确定该玻璃是否用氧化钠作为助熔剂。X荧光无损分析对铅等重金属非常敏感。在对夫差剑上玻璃块的分析中没有发现铅元素，可以肯定它不是用氧化铅做助熔剂的。

吴国夫差称王晚于越王勾践一年，即周敬王二十五年（公元前495年），吴国被越国灭掉的时间是周元王三年（公元前473年），也就是说吴王夫差剑的年代不会晚于公元前473年，嵌在剑格上的玻璃的年代也应该是春秋末年。

（3）河南固始侯古堆1号墓出土的镶嵌玻璃珠。固始侯古堆1号墓是一座春秋末期的大型木椁墓，与主墓并列，还有一座专为墓主随葬的陪葬坑。除了在主墓内随葬有大批青铜器、陶器和玉器外，在主棺的周围还有17人为其殉葬，其中5男12女，年龄在20~40岁之间。陪葬坑内的随葬品琳琅满目，有大批青铜礼器、乐器、生活用具等。主墓早年被盗掘，但墓主人身上佩戴的玉器和铜饰物出土数量仍很可观。值得庆幸的是，在主棺内发现了几颗彩色玻璃珠。

这些彩色玻璃珠都为不太规整的球体，中间穿孔，直径约1厘米。珠体为绿色玻璃，透明度较好，内有小气泡。在绿色玻璃珠体上嵌有深蓝色和乳白色的同心圆作为装饰。

物理实验的结果表明，侯古堆1号墓出土的彩色珠子是玻璃珠。其中一件样品经过化学成分测定，含氧化钠10.94%、氧化钙9.42%，是很典型的钠钙玻璃。

侯古堆1号墓的镶嵌玻璃珠上的同心圆装饰很像蜻蜓的眼珠，因此这类珠子在我国古董行业中称为蜻蜓眼。关于这种玻璃蜻蜓眼的制造方法和来源，将在下面详细讨论。

从越王勾践剑、吴王夫差剑上嵌入的小玻璃块和河南固始侯古堆1号墓出土的玻璃蜻蜓眼可以看出，中国最早的玻璃都与春秋末期的诸侯王有关，这种现象不是偶然的。

越王勾践和吴王夫差都是东周诸侯国的国君。在他们当政的时候，越国和吴国曾一度相当强盛，特别是吴国，国力强大，吴王夫差十四年（公元前482年），夫差"北会诸侯于黄池，欲霸中国以全周室"。勾践剑和夫差剑的制作工艺非常精湛，可以说代表了春秋末期的最高工艺水平。在珍贵的铜器上嵌入天然宝石以增加其美丽和价值，并非是春秋末期才出现的新技术，早在商代就有将绿松石嵌入铜器作为装饰的工艺，例如河南偃师二里头发现的镶嵌61块绿松石的铜饰板。到了商代晚期，这种"铜镶玉"的工艺又有发展。然而，玻璃作为装饰材料，镶嵌到青铜剑上，却是春秋末期新出现的现象。这说明玻璃很可能是春秋末期刚刚出现的一种新材料，而且玻璃晶莹璀璨的光泽和漂亮的色彩立刻得到贵族社会的喜爱。勾践剑和夫差剑选用玻璃作为装饰的嵌入物，而不用或不全用传统的绿松石或其他天然宝石，说明玻璃在当时的珍贵罕见程度很可能超过了绿松石等天然宝石。

固始侯古堆1号墓出土的大量文物中，有一件铜簠刻有铭文"有殷天乙唐孙，宋公䜌乍其妹勾敔夫人季子媵簠"，记述这件铜簠是宋景公为其妹嫁给吴国做夫人而特制的陪嫁品。墓主人的骨骼经过鉴定，为女性，30岁左右。因此固始侯古堆1号墓的墓主人很可能是宋景公的妹妹、吴国太子夫差的夫人。至于为什么吴国夫人死后没有葬在吴国而葬在河南固始，有可能是吴太子夫差率军北上时，夫人同行，途中病死，就地葬埋。《史记》记载，吴王阖闾十一年（公元前504年），"吴王使太子伐楚，取番"，说明春秋末年吴太子夫差曾带兵到过番国，而今天的固始县正是春秋末年番国的所在地。作为侯古堆1号墓的墓主具有宋国国君妹妹和吴国太子夫人双重身份的贵族妇人，有特权得到当时的珍宝。她选择玻璃珠随身佩戴，可以看出她对玻璃的钟爱，玻璃珠肯定是当时的稀世之宝。

我们说中国最早的玻璃可能是贸易品，不仅是由于它们的主人都是身份显赫的贵族，可以得到来自外域的罕见之物，而且由于中国最早的玻璃工艺相当成熟，特别是玻璃蜻蜓眼，其制作工艺非常复杂，不是玻璃制造的初级阶段能够达到的。

玻璃"蜻蜓眼"的传入与发展

中国发现的最早的玻璃中就有镶嵌玻璃珠。到了战国中晚期，玻璃蜻蜓眼很快就发展成为常见的器物，而且很多典型的中国风格的玻璃器物也随之出现。镶嵌玻璃珠在玻璃珠中工艺最为复杂，外观非常美观。它的出现和发展，不仅同我国早期与西亚的贸易有关系，而且同中国玻璃业的产生与发展有直接关系。

镶嵌玻璃珠是指在单色玻璃珠母体上嵌进另外一

种或几种不同于母体颜色的玻璃，构成美丽的图案。由于镶嵌玻璃珠上的图案主题多是同心圆，一环套一环，有动物眼睛的效果，因此它的英文名称为"复合眼珠"（Compound eyebeads），中国俗称"蜻蜓眼"。

镶嵌玻璃珠的尺寸一般都比较小，直径只有 1~2 厘米。在现代人的眼里，这样小小的一颗玻璃珠似乎没有什么了不起，但是它的制作工艺相当复杂，即使在今天，仿制出这样一颗镶嵌玻璃珠也很不容易。

日本学者与玻璃工匠合作，已仿制出镶嵌玻璃珠。其工艺过程如下：首先，用金属棒分别蘸上不同颜色的熔融的玻璃料，并趁热拉成细丝。待其冷却后，截成小段，成为截面为同心圆的图案单元。其次，将金属芯棒蘸上一层黏土浆或石灰浆，晾干后在火焰上将玻璃料棍拉成细丝，缠绕在芯棒上，芯棒不停地旋转，形成玻璃珠母体。再次，在玻璃珠母体尚未冷却变硬时，将第一步已做好的图案单元压进母体，再趁热放在金属板上或石板上滚动，使图案单元与母体形成一个整体。最后，待玻璃冷却后泡进水中，抽出芯棒，一颗镶嵌玻璃珠就制作成功了。

用这种压进图案单元的方法无疑可以制造出外观效果与古代镶嵌玻璃珠完全一样的珠子，然而从珠子的断面上看，问题就复杂了。笔者仔细考察了十余个古代镶嵌玻璃珠的断面，发现无论嵌入的图案单元简单或者复杂，每一种不同颜色的玻璃嵌入物都独立地呈球状面。这种现象是上述方法无法解释的。因此，作者认为在第一步中，并不是将不同颜色的玻璃首先制成截面为同心圆的图案单元，而是将不同颜色的玻璃料分别拉成不同直径的细丝，截成薄片，在第三步中，将较大的单色的玻璃薄截面压入玻璃珠母体上，待与母体形成一体后，加热、烤软表面，再分次嵌入其他颜色的较小薄截面，形成复杂的图案单元。第二种制作工艺可能更接近古代工艺，也更费工费时。无论采用哪种工艺，工匠必须很好地掌握火候，即温度与玻璃软化的关系。由于制珠的每一步骤都完全靠手工操作，所以成品并不规整，几乎无法找出两个完全一模一样的镶嵌玻璃珠。

镶嵌玻璃珠的复杂工艺，决定了它的价值。西藏高原的藏民至今仍非常钟爱这种世代相传下来的镶嵌玻璃珠，一颗漂亮的镶嵌玻璃珠可以换一头大牦牛。

从考古资料来看，镶嵌玻璃珠在中原出现的时间大约在春秋末战国初，之后一直持续到西汉时期。西汉以后虽然仍有零星发现，但已不属于同一发展序列。春秋末战国初和战国中晚期虽然时代相接，但这两个时期的镶嵌珠在出土数量、图案纹饰及化学成分上都有明显的差别。

春秋末战国初，即公元前5世纪前后，镶嵌玻璃珠首次在中国中原地区出现，数量虽然不多，但都出土于等级相当高的大墓。例如，河南固始侯古堆1号墓、山西长治分水岭270号墓、湖北随州曾侯乙墓、山东临淄郎家庄1号墓和洛阳中州路西工段M2717。曾侯乙墓出土了成套编钟，是国内外皆知的贵族大墓。侯古堆1号墓出土的带铭文铜簠，暗示着墓主人很可能是春秋末宋国国君的妹妹，后嫁给吴国太子夫差做夫人。分水岭270号和郎家庄1号墓中都有殉葬人，可以推测墓主人不会是普通百姓。

春秋末战国初镶嵌玻璃珠多为类球形，但不规整，有的看起来像扁方形或扁鼓形。珠子的尺寸较小，一般直径都在1~1.5厘米，仅有极少数的珠子直径大于2厘米。曾侯乙墓共出土173颗镶嵌珠，只有2颗珠子的直径大于2厘米。

镶嵌玻璃珠的母体颜色多为蓝色、绿色和橘黄色。蓝色有时偏浅蓝，有时偏深蓝。母体玻璃都为半透明。

这个时期镶嵌珠的纹饰比较简单，图案的主题都是同心圆，但外圈的层数不同，一般为三层，有的多达五六层。同心圆中心的点多用蓝色，外圈层色多为白褐相间或白蓝相间。不透明白色是勾画出中心点的最重要的颜色，几乎每个镶嵌珠的纹饰都离不开白色。每个珠子上嵌入的图案单元个数不同，少则在腹部嵌入1排3个或4个小同心圆，或嵌入2排6个或8个小同心圆，多则嵌入4排20个以上的小同心圆，最常见的是嵌入1排4个或2排8个同心圆。嵌入的同心圆与母体浑然一体，不突出，也很少脱落。

在这一时期的镶嵌玻璃珠中，有研究者对侯古堆1号墓的一件样品做了化学成分测试，为普通的钠钙玻璃；对曾侯乙墓的4件镶嵌珠也做了化学检测，在发掘报告中发表了一件，为普通的钠钙玻璃，但含2.8%的氧化铅，另外3件样品都为普通钠钙玻璃，不含铅、钡。第一件样品所含2.8%的氧化铅可能来自玻璃表面的污染。

由于春秋末战国初的镶嵌玻璃珠是突然出现的，都集中出土于贵族大墓，而且这时期的镶嵌玻璃珠都可在西亚找到相似的对照物，玻璃的化学成分也与西亚玻璃相似，都是钠钙玻璃，因此我们可以推断这个时期的镶嵌玻璃珠大部分是从国外进口的舶来品。

战国中晚期，即公元前4~前3世纪，镶嵌玻璃珠的出土地点遍布全国，相对集中于湖南、河南和湖北3省。与春秋末战国初不同，这一时期的镶嵌玻璃珠不仅出土于墓主身份较高的大墓，也出土于普通百姓的墓葬。例如河南辉县固围村1号墓、湖北江陵马山1号楚墓是大型墓葬，但是湖南资兴旧市和陕西咸阳黄家沟的战国墓葬都是中小型墓葬。

这个时期的镶嵌玻璃珠仍以珠状为主。与早期珠子相比，其形状较为规整，尺寸普遍比早期略大，例如山东曲阜鲁国故城出土的19颗镶嵌玻璃珠，最大的直径2.7厘米，最小的直径1.5厘米。除了球状的珠子外，还出现了圆筒形镶嵌玻璃管，尺寸也比较大。江陵马山1号楚墓的镶嵌玻璃管长达7.2厘米，直径0.8厘米。

战国中晚期的镶嵌玻璃珠的纹饰丰富多彩。早期的单纯同心圆纹饰仍然存在，但不占统治地位，此时最流行的纹饰是图案组合。一种组合是在大圆圈中并存数个小圆圈，小圆圈的数目为3个、7个或9个不等，以7个小圆圈组成梅花图案的为最多，例如湖北江陵雨台山楚墓出土的镶嵌玻璃珠和曲阜鲁国故城出土的玻璃珠（见图1）。另一种图案组合是同心圆与其他几何纹饰相结合，最常见的几何纹是弦纹、菱形纹和三角纹作为地纹，同心圆均匀地分布在地纹上，或是用连点布出网纹，将图案隔成小的单元。这种图案组合的最典型的代表是湖南湘乡牛形山战国中期楚墓出土的镶嵌玻璃管（见图2）。

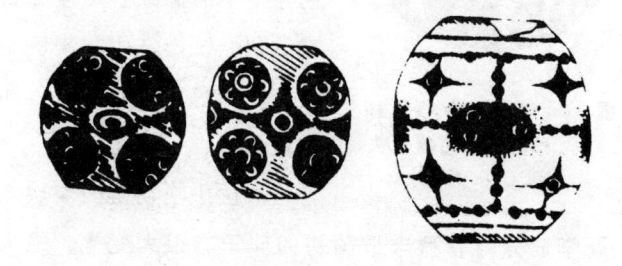

图1　曲阜鲁国故城出土的玻璃珠

图2　湖南湘乡牛形山楚墓出土的镶嵌玻璃管

战国中晚期的镶嵌玻璃珠除了图案复杂多变外，作为纹饰主题的同心圆本身也与早期有所不同，有的嵌入的同心圆有意突出于珠子的母体，造成鼓眼的效果；有的纹饰主题有意嵌成偏心圆，像正在斜视的眼珠，使图案更加生动活泼，如河南淮阳平粮台16号楚墓出土的镶嵌珠（见图3）。这个时期有的珠子嵌入的同心圆与母体结合得不牢,出土时有的已脱落。

战国中晚期的镶嵌玻璃珠的图案虽比早期珠子丰富多彩,但玻璃的颜色却没有什么突破,珠子母体最常见的颜色是深蓝色,其次是绿色,早期的橘红色母体已很难见到。纹饰常用的颜色是不透明白色、蓝色、绿色和土黄色。

图3 河南淮阳平粮台16号墓出土的镶嵌珠

战国中晚期镶嵌玻璃珠的化学成分与春秋末战国初的珠子有很大变化,绝大部分已经不是普通的钠钙玻璃,而是以氧化铅和氧化钡做助熔剂的铅钡玻璃。铅钡玻璃是古代玻璃中很独特的一种玻璃。古代西亚玻璃中虽然有少量的铅玻璃,但含钡的玻璃是世界其他古玻璃从未出现过的,因此学术界都把钡的存在作为中国古代玻璃的显著特征。笔者最近又请建材研究院测试中心的史美光高级工程师对辉县固围村1号墓出土的3件镶嵌玻璃珠做了测试,它们是典型的铅钡玻璃。这与同时期的玻璃璧、玻璃带钩的成分是一致的,而后者都是中国的传统器形。从镶嵌玻璃珠的玻璃成分的改变可以看出,最晚在战国中期,中国已建立起铅钡玻璃业。

与战国中晚期的镶嵌玻璃珠同时存在的还有一种釉陶珠。这种釉陶珠外表与镶嵌玻璃珠非常相似,但珠子母体不是玻璃，而是涂以厚釉的陶芯。郑州二里冈即出土了18件这种釉陶珠。笔者曾观察过几个釉陶珠，发现其陶胎颜色较白，可能采用的是瓷土或其他材料，而不是一般的陶土。这种釉陶珠应是镶嵌玻璃珠的仿制品，纹饰与战国中晚期的镶嵌珠子极为相似，多是同心圆与几何纹饰的图案组合。与镶嵌玻璃珠相比，釉陶珠的母体表面多采用白色或较浅的颜色，纹饰喜欢用天蓝色和棕黄色，色彩比镶嵌玻璃珠更鲜艳，器形也往往大于玻璃珠。中国历史博物馆曾经展出一颗新征集来的釉陶彩珠，直径约7～8厘米，可称做釉陶珠之王了。

镶嵌玻璃珠在战国时期不仅作为首饰之类随身佩带，还嵌入其他器物作为装饰。河南辉县固围村发现的鎏金镶玉银带钩，带钩上就嵌入了由3个小同心圆组成图案的镶嵌玻璃珠。

玻璃作为人工制造的材料，在公元前2500年前后的西亚或埃及发明后，首先用于制造珠饰。公元前16～前13世纪希腊迈锡尼的压制的单色珠饰是当时玻璃珠饰的精品。公元前15世纪后，开始出现彩色玻璃珠，一般是缠上不同颜色的条纹或点上不同色彩的斑点。在玻璃珠的母体上压进同心圆，制造出"眼睛"效果的镶嵌玻璃珠大约出现在公元前10世纪初的地中海沿岸，到公元前6～前4世纪在黑海、黑海沿岸非常流行。日本东京大学曾在黑海南岸的伊朗高原吉兰州做过发掘，在公元前6～前2世纪的墓葬中发现了相当数量的镶嵌珠。与中国春秋末战国初的镶嵌珠非常相似，这种珠子也是在蓝色或绿色的珠状玻璃母体上嵌入1排3个或4个同心圆,或者嵌入2排6个或8个同心圆。伊朗高原在这时期之前,已经有了很长的玻璃制造的历史。

与镶嵌玻璃珠的起源地西亚相比,中国镶嵌玻璃珠的出现非常突然。西亚的镶嵌玻璃珠的出现晚于彩色玻璃珠饰几百年,而彩色玻璃的首次出现又晚于单色玻璃珠饰1000多年,可以说,单色玻璃珠饰经过漫长的岁月才发展成为彩色镶嵌玻璃珠。但是中国的情况却不是这样,镶嵌玻璃珠与单色玻璃饰块是同时出现在春秋末期的。中国至今还没有发现比春秋末更早的玻璃制品,也就是说,中国最早的玻璃中就有镶嵌玻璃珠。没有任何发展过程、突然出现的镶嵌玻璃珠只能用贸易品来解释。

中国的中原地区与西亚虽然远隔万里,但是在公元前20~前10世纪的铜器时代,东西两大文明之间活跃着许多游牧民族,他们依靠牲畜的力量,往来于漫漫的中亚沙漠地带,对东西方贸易交流起了重要的中介作用。玻璃珠色彩美丽,便于随身携带,是游牧民族喜爱的装饰品,他们将这种镶嵌玻璃珠辗转地从西亚带到中国是完全有可能的。

我国的新疆地区位于古代东西两大文明的接触点,是古代游牧民族最活跃的地区。20世纪初,探险家曾在新疆发现过这种镶嵌玻璃珠,但因是采集品,珠子的年代不易确定。1986年,中国社会科学院考古研究所新疆队在轮台县群巴克发掘了一批公元前8~前5世纪的墓葬，出土了一些玻璃珠，其中第 28 号墓出土的一件镶嵌玻璃珠，在深蓝色球状母体中，嵌入了 8～9 个蓝白相间的同心圆，圆心的点为深蓝色，同心圆排列不整齐，与伊朗高原出土的一种镶嵌玻璃珠非常相似。这一发现进一步证实，在公元前 10 世纪的中叶，镶嵌玻璃珠经过丝绸之路从西亚传入中国，春秋末战国初我国中原地区出现的镶嵌玻璃珠，很可能是经由新疆地区传入的。

是哪一支游牧民族将镶嵌玻璃珠带到中国的，这是很难单独用考古学研究来回答的问题。目前在新疆地区发掘出来的墓葬都还不能确定族属，还有待于多学科的综合研究。国外对我国玻璃的传入也做过很多研究，其中很有影响的是恩格尔（A. Engle）的《中国的玻璃制造》一文。他认为中国最初的玻璃制造可能与西亚的胡里安（Hurrians）民族有关。这个民族在西亚古文明中起过重要作用。当公元前 7 世纪亚述结束了乌拉尔图王朝后，一部分胡里安人迁移到其他地区。其中的一支有可能到达中国，而且这支胡里安人知道制造玻璃的技术。当他们来到有丰富方铅矿资源的中国时，就生产了他们在西亚早已熟悉的镶嵌玻璃珠。这种推测的证据之一，是镶嵌玻璃珠上的 7 个小圆形组成的梅花图案，可以追溯到伊朗高原的史前时代。

3 典型中国风格的玻璃制品的出现

在战国中晚期镶嵌玻璃珠的数量迅速增长的同时，

一些典型中国风格的玻璃制品也随之产生,其中以玻璃璧、玻璃剑饰和玻璃印章最具特色。这些玻璃制品相对集中地出土在以长沙为中心的战国中晚期墓葬中。

玻璃璧 目前出土的战国时期的玻璃璧,除安徽省有少量出土、福建闽侯出土1件之外,几乎全部出现在湖南地区,其中又以长沙地区占绝大多数。湖南各地战国楚墓中发掘出土的玻璃璧已有120余件,其中长沙80余件、资兴19件、衡阳9件、常德7件、湘乡5件、益阳2件、郴州1件。

玻璃璧的形状非常简单,都是圆形扁平体,中间部位有一圆孔。玻璃璧的颜色有浅绿、乳白、米黄、深绿多种,其中以浅绿色的最多,乳白和米黄者次之,深绿者最少。玻璃内含密集的小气泡,呈半透明或不透明状态。据湖南战国楚墓中出土的57件玻璃璧的统计,其直径最小的为6.5厘米,最大的达14.1厘米,大多数在7.9~9.4厘米之间;璧的厚度最薄的为0.2厘米,最厚的为0.45厘米,一般在0.25~0.35厘米之间;其重量最轻的是28克,最重的是225克,一般重40~60克。

玻璃璧用模制铸造成型,正面有纹饰,反面粗涩无光,可能用单范铸成。日本学者由水常雄通过实验提出,中国战国时期的玻璃璧不是像铸铜铸铁那样将熔化成液态的玻璃液浇铸到范模里,而是将固态玻璃料研磨成小颗粒,填满耐火材料制成的单范中,再将填满玻璃料的单范放到炉中加热使料熔化,等玻璃冷却后将范与璧脱离,玻璃璧的毛坯再稍打磨加工,玻璃璧就制作成功了。

　　玻璃璧的纹饰比较简单,只有谷纹和云纹两种,以谷纹为多。所谓谷纹,就是璧的表面布满密集的小乳钉纹饰,按斜线排列。根据小乳钉的疏密程度,谷纹有多少粗细之分,最少的有5圈纹饰,最多的有8圈,一般是6圈。云纹与战国时期漆器、铜器上的云纹相似,呈单线条的蝌蚪形。

　　玻璃璧是战国中期新出现的,但璧是中国独有的器形,最早出现于我国新石器时代,如山西襄汾陶寺、陕西华县梓里、安徽潜山薛家岗、广东曲江石峡、甘肃永靖秦魏家等新石器时代晚期遗址中均有玉璧出土。特别是浙江、上海、江苏等地的新石器时代晚期的良渚文化的墓葬中流行用大量玉璧随葬,如江苏武进寺墩3号墓中就出土玉璧24件,"分置头前脚后各十件,一部分压在头脚之下。制作最精的两件放在胸腹之上"。战国时期,用玉璧随葬的更多。璧是中国传统的重要器物之一,从新石器晚期至汉代的3000年间,用玉璧随葬一直连绵不断。我国古文献上也对璧有很多记载。成书于战国时代的《周礼·大宗伯》中有"以苍璧礼天"之说,说明璧是一种"礼仪"上的用器。《周礼·典瑞》中有"子执谷璧"的记载,"谷璧"可能就是指谷纹璧。但关于璧作为随葬品的具体的含义,文献上没有明确说明。国外有的学者推测,中国人自古有天圆地方之说,所以圆形的璧很可能是代表天,璧上的谷纹和云纹可能都代表天上的云彩。璧中间部位的圆孔可能是代表天国之门,死者的灵魂通过这个孔升入天国。这种推测有一定的道理,因为玉璧或玻璃璧出土时的位置多在死者的头部,有的璧出土时还侧立在墓主人的头顶。

战国时期的玻璃璧,不论是器形、颜色,还是纹饰都与玉璧相似,说明玻璃璧是作为玉璧的仿制品出现的。从湖南所出土的战国玻璃璧的墓葬等级来看,没有七鼎的诸侯墓和五鼎的大夫墓,而都出土在小型的"士"和"平民"的墓中。战国时,人们视玉璧为宝物,并以玉璧来显示自己的身份和地位,一般的人不容易得到玉,因此,中国刚刚诞生的玻璃业就开始努力仿制玉质的玻璃璧,以满足社会的需求。

战国时期的玻璃璧已有5件作过定量分析,另有4件采用激光光谱分析。分析结果表明,这些璧均属于用氧化铅和氧化钡作助熔剂的铅钡玻璃,与战国中晚期大量的镶嵌玻璃珠的玻璃成分一致,可以肯定是在中国利用当地原料制成的。

玻璃剑饰 战国中晚期的墓葬出土玻璃剑饰,比较集中出土于长沙、湘乡等地。玻璃剑饰有剑首、剑珥和剑珌3种。剑首是剑柄顶端装饰;剑珥又名剑璏,是置于剑鞘中部稍靠剑格处,用于穿带佩剑用的;剑珌是剑鞘末端的装饰品。

玻璃剑首一般为浅绿色,呈圆饼状,中心稍凹,下有凸起的小柱状物,以便与剑基相接。首面纹饰有三种:第一种为谷纹,即表面布满按斜线排列密集的小乳钉纹;第二种为中心饰细线柿蒂纹,外围饰弦纹和谷纹;第三种为蟠螭纹和谷纹的组合。剑首直径一般在 4.5 厘米左右，厚为 0.4～0.5 厘米。

玻璃剑珥为长方形板状，两端向下微卷，板下有扁穿孔，用以穿带。颜色有浅绿、米黄和乳白色。常见纹饰有四种：谷纹、蟠螭纹、谷纹与云纹的组合、兽面纹与谷纹的组合。剑珥长 6.2～10.2 厘米，宽 1.5～2 厘米，厚 1.1～1.4 厘米。

玻璃剑珌出土的数量少于剑首和剑珥，为浅绿色或米黄色，平面近梯形，横断面为棱形或椭圆形，纹饰一般为谷纹。

玻璃剑饰的制作方法与玻璃璧一样，也是模制铸造成型，但比制璧的工艺复杂，如剑珥上的穿孔，恐怕单范是不行的。

剑饰是中国文化中独有的器物。在剑上用玉作装饰源远流长。把玉直接装饰在剑上的有剑首、剑格；装饰在剑鞘上的有剑珥、剑珌。用这些玉剑饰作装饰的剑在古代称为"玉具剑"。江苏省六合程桥 2 号东周墓中出土的剑上就装饰有玉剑首和玉剑格。我国各地战国和汉墓中出土的玉剑饰甚多，而且在汉以前文献中也有不少有关剑饰的记载。如《庄子·则阳》有"剑首"一词，屈原《九歌·东皇太一》有"抚长剑兮玉珥"的名句，《说文解字》等书关于剑饰的解释和记载就更多了。所以，这类剑饰也是我国所特有的。

战国中晚期玻璃剑饰是作为玉剑饰的代用品出现的，其颜色、器形都与玉剑饰相似。

玻璃印章 出土的战国中晚期的玻璃印章不多，迄今为止，共有 3 枚。1 枚出土于战国中期的长沙左家塘41号墓，绿色，半透明，印面正方形，边长0.9厘米，印章高0.8厘米。印面上刻有"中身"二字。另外2枚出土于四川犍为战国晚期墓葬，为乳黄色圆面印，背有管状钮或鹰嘴形钮，印面为四叶纹或花蒂纹。此外，湖南省博物馆还收集一枚浅黄色玻璃印，印面的长宽约为0.95厘米，印文为"♥义"。

印章的印面为方形或圆形，也是中国的特有风格。古代西亚两河流域印章也很流行，印章形状多为圆柱形，但印面是刻在圆柱上，滚动一周才能印出纹饰或文字。中国的印章起源也很早，《左传·襄公二十九年》已有关于使用印章的记载。传世的和发掘出土的战国时期的印章数量已达6000余方，以铜质居多，其次为玉质。玻璃印章的出现也可以看做是玉的代用品。

镶嵌在其他材料上的玻璃饰品 将玻璃镶嵌在其他材料的器物上作为装饰，自春秋末玻璃刚刚出现的时候就采用了，例如著名的越王勾践剑和吴王夫差剑都镶嵌了玻璃。当时还是将玻璃作为单色玉石装饰铜器。战国中期中国开始制作嵌镶玻璃珠，这种多种颜色的玻璃的装饰性效果，立刻引起人们注意，开始生产装饰性的玻璃饰板，并将其镶嵌到其他材料的器物上。

河南辉县固围村5号墓出土的包金镶玉银带钩，主体材料是银，银的外表包金，带钩上镶嵌有3个白玉璧作为装饰，在玉璧的中间孔的部分，镶嵌着数件玻璃蜻蜓眼，发掘时只保存了其中3件。玻璃蜻蜓眼经过X荧光无损分析，与战国中期大量的国产玻璃一样，是铅钡玻璃。

洛阳市区以东10公里的金村古墓是战国时期的东周王室墓葬。1928年因雨后地陷暴露，墓内许多精美文物被盗掘，其中大部分流散海外。金村古墓出土的精美文物中有几件是镶嵌玻璃的铜器。一件背面镶嵌玉和玻璃板的铜镜，现存美国哈佛大学赛可勒博物馆。铜镜直径12.2厘米，背面镶嵌着两块软玉环，在两块玉环之间镶嵌着一块玻璃环，玻璃环上又嵌有蓝白相间的梅花纹和偏心圆纹。在铜镜背面中心钮的部位又嵌入一块球冠状的玻璃蜻蜓眼，以深蓝色玻璃为底色，嵌入蓝白相间的同心圆和偏心圆。另一件器物是陶盘，可能也是洛阳金村古墓出土的。盘的直径为6.1厘米，在盘内中心镶嵌着一枚球冠形的玻璃蜻蜓眼，现存加拿大多伦多安大略皇家博物馆。战国时期的铜车具非常考究，有些贵族墓葬出土的错金银的铜车具上也嵌有玻璃蜻蜓眼。

用天然宝石镶嵌在其他材料的器物上作为装饰在我国有悠久的历史，商代就出现了嵌绿松石的铜牌和嵌绿松石的象牙杯。春秋战国时期镶嵌工艺更为发展，玻璃蜻蜓眼往往在众多玉石镶嵌物中起着画龙点睛的效果。

通过大量的考古发掘品可以证实，符合现代玻璃定义的材料在春秋战国时期就出现了，但是那个时期的人们用什么名字称呼这种新材料，我们现在还不清楚。有的学者根据音韵学，推测战国时期"陆离"一字是汉代"流离"的转音，因此"陆离"可能是战国时期玻璃的名称。这种推测还需要进一步证实。

战国时期的文献记载中有一些资料可能与玻璃有关。《穆天子传》卷四："天子开采石之山，于是取采石焉,天子使重趈之民,铸以成器于黑水之上。"虽然我们不能肯定秦穆公采石铸器是制作玻璃器,但根据战国中晚期中国新出现的玻璃制造业,这条史料也有可能是指铸玻璃器。《战国策·楚策》记载秦国派张仪游说楚怀王,并说服了楚怀王,"仍遣使车百乘,献鸡骇之犀、夜光之璧于秦王"。鸡骇是古印度梵文 Khaga 的译音,是指一种印度的犀牛。"夜光之璧"到底是指什么,难以确定,湖南境内缺乏玉石资源,而在战国时期湖南长沙附近玻璃璧的数量明显多于其他地区,因此"夜光之璧"有可能是指玻璃璧。

总之,春秋末战国初,西亚的玻璃珠饰经中亚游牧民族的中介,作为贸易品进口到我国中原地区。战国中晚期,我国已经能够制造外观上与西亚相似,而成分又完全不同的玻璃珠,而且这种受西亚影响新建立起来的玻璃业很快就与中国的文化传统相融合,生产玉的仿制品。这样既解决了原料的来源问题,又得到传统文化的认同,满足了社会的需求,玻璃业具备了在中国生存发展的最基本的条件。最迟到战国时期,玻璃已在我国扎下根来,以后的发展,虽然还不断受到西方技术的影响,但都是在战国玻璃基础上的发展的。

三 中国玻璃的仿玉时代与罗马玻璃的进口

汉代继承战国时期铅钡玻璃的传统，继续以之仿制玉器，而且数量和品种都有明显增加，是中国玻璃的仿玉时代。广西地区及附近又新出现了钾玻璃，一些玻璃容器的精湛工艺，甚至超过了中原地区。东汉时期的墓葬中发现了典型的罗马玻璃。罗马玻璃容器输入到中国，标志着东西文化贸易的交流进入了一个新的阶段。

中原地区铅钡玻璃的继续繁荣

汉代除了继续生产战国时期的一些玻璃品种，如玻璃璧、玻璃珠以外，还生产一些新的品种。广大的中原地区、汉代玻璃器按器形和用途可分为三类：玻璃容器、丧葬用玻璃和玻璃装饰品。

玻璃容器 玻璃容器的制造，标志着玻璃技术已发展到相当高的水平。玻璃在公元前25世纪前后的西亚出现后，在10多个世纪中，一直只能生产玻璃珠饰之类的小型器物，直到公元前15世纪才能生产高度不超过10厘米的小玻璃瓶，用于盛放香水。又经过近10个世纪的发展，才能生产一般的玻璃容器。与西方玻璃发展史相比，中国玻璃发展的速度是很快的。春秋末战国初中国才出现最早的玻璃，但到西汉中期，只过了300多年，即能生产尺寸相当大的玻璃容器了。

徐州北洞山西汉楚王墓（公元前128年）出土一批玻璃杯，共16件，其中2件比较完整。杯身呈直筒形，平沿、直壁、平底。玻璃呈淡绿色，不透明，内含小气泡，铸造成形。杯身口沿下、中部和近底部有三道箍道，可能原有重金属作的箍圈，已被盗墓者砸碎杯身取走。杯身底部距底边0.4厘米处有一道宽0.4厘米的绘上去的朱色弦纹。比较完整的两件杯，一件口径8.4厘米，高8.2厘米，底径8.5厘米，厚0.4～0.6厘米；另一件口径8.3厘米，高8.2厘米，底径8.3厘米，厚0.25～0.5厘米；另外十几件的大小厚薄都不一样，说明铸造时为一模一杯，不是同模而铸。

徐州北洞山西汉楚王墓出土的玻璃杯残片经过化学成分测定，为铅钡玻璃，与战国时代的镶嵌玻璃珠、玻璃璧的成分基本一致。玻璃杯为淡绿色，不透明，与天然玉很相像，因此在原发掘简报中被误称为"玉杯"，可见汉代玻璃仿玉已达到以假乱真的程度。这些玻璃杯是迄今为止考古发掘出土的最早的玻璃容器。

河北满城西汉中山靖王刘胜及其妻窦绾墓的发掘，是中国重要的考古发现之一，共出土随葬器物4200余件，其中以两套"金缕玉衣"最为著名。同墓还出了

3件玻璃容器，工艺相当精美，其中2件为玻璃耳杯，1件为玻璃盘（见图4）。耳杯高3.4厘米，长13.5厘米，宽10.4厘米；盘高3.2厘米，口径19.7厘米，底径9.5厘米，壁厚0.3厘米。玻璃耳杯和盘的质料相同，都为翠绿色，微有光泽，呈半透明状，晶莹如玉。耳杯的器身呈椭圆形，两侧有耳，微向上翘，矮假圈足。盘为侈口，平折沿，浅腹起棱，假圈足，部分表面因腐蚀而凹凸不平。玻璃盘经光谱定性分析，主要成分为硅和铅，并含有钠和钡。耳杯的化学成分应与玻璃盘相仿。

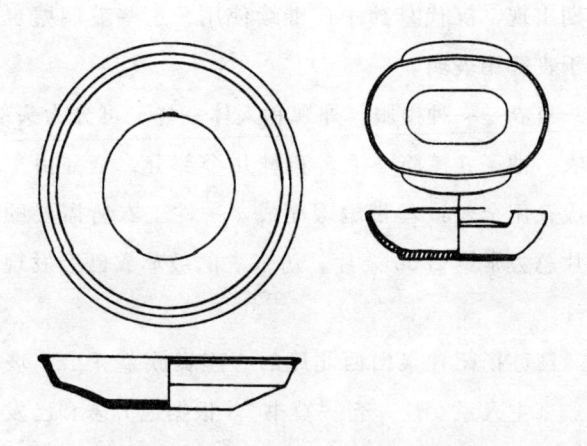

图4　河北满城西汉中山靖王刘胜墓出土的玻璃盘和耳杯

从器形上看，玻璃耳杯是典型的中国器物，器形相同的漆耳杯，是汉代墓葬中最普遍的随葬器物，而国外没有这种器物。从玻璃的成分来看，这几件器物继承了战国以来独特的中国传统，属于铅钡玻璃系统。玻璃盘和耳杯的制作方法，与当时大量生产的玻璃璧、玻璃带钩相同,都是铸造法,只是工艺上复杂一些,成型后通体打磨。汉茂陵附近曾发现了直径近30厘米的大玻璃璧。既然西汉能生产这样大型的璧,当然也有能力生产这种玻璃耳杯和盘。

"丧葬"用玻璃 中国人对玉有一种极浓厚的偏爱。古代人相信玉可以使尸体不朽,因此有些玉器是专门为保存尸体而制造的,称为"葬玉"。葬玉在汉代玉器中占很大比例,主要有玉衣、九窍塞、玉琀和握玉4种。作为葬玉的代用品,玻璃衣、玻璃九窍塞、玻璃琀和玻璃握玉也都出现了。此外,玻璃璧自战国中期出现,汉代墓葬中还继续使用,这些玻璃璧也应属于丧葬用玻璃。

玉衣是一种殓服,外观和人体一样,可分为头部、上衣、袖子、裤筒、手套和鞋几个部分,全部由玉片拼成,用金丝或丝带编缀而成。一件玉衣所需要的小玉片总数常达2000余片。仿玉衣的玻璃衣已经发现了两件。

江苏扬州甘泉山西北麓的一座贵族墓葬出土玻璃衣。墓主人系女性,名"莫书"。根据地方志和已发掘的资料来看,该墓属刘氏宗族墓之一,年代在西汉晚期,可能在元帝与平帝时期。玻璃衣片约600片,大小不等,形状有长方形、梯形、圆形等11种,以长方形(6.2厘米×4厘米)数量最多,厚度约为0.4厘米。多数素面,但圆形和少量长方形片印有蟠螭饰和柿蒂纹。长方形玻璃衣片的四角都有穿孔,圆形片、三角形片和窄梯形片穿3孔,少数衣片上还贴有金箔。

这些玻璃衣片经过化学检测，属铅钡玻璃，氧化铅含量达 40.37%，氧化钡含量为 21.49%。

1985 年在江苏省扬州市邗江县杨寿乡李岗村的宝女墩发现的一座新莽时期的木椁墓中，也出土了 19 块完整的玻璃衣片。宝女墩玻璃衣片均为长方形，尺寸基本相同，长 5.5 厘米，宽 4.1 厘米，厚 0.33 厘米。除 1 片未见穿孔外，余均四角穿孔。有的表面局部可见玻璃光泽。除素面外，纹饰均为模铸阴纹，有变体柿蒂纹、云雷纹、云纹和白虎星辰纹。纹饰上原均贴金箔，发掘时有的金箔已脱落。有 3 块玻璃衣片背面墨书"王"字，可能表明墓主身份，或是王府作坊制作的标志。宝女墩玻璃衣片经化学分析，也是铅钡玻璃。

九窍塞是填塞或遮盖死者的耳、目、口、鼻、肛门和生殖器等九个窍孔而用的，目的是防止体内的"精气"由九窍逸出，使"死者为之不朽"。玻璃九窍塞与玉制的九窍塞器形基本相同。出土的玻璃九窍塞多为耳塞和鼻塞，圆柱形，一头稍小，绿色，半透明。

玻璃琀是玉琀的替代物。汉代的死者，一般口中含玉蝉。玉琀取形于蝉的原因，可能是由于蝉的生活史的循环可以象征着变形和复活。玻璃琀与玉琀外形基本一样，如果不仔细观察，很难分辨。

汉代的死者手中往往握着一块玉，称为"握玉"。西汉初年，握玉的形状多为璜形，即半块璧的形状。到西汉中期，握玉的形状逐渐演变成猪形。玻璃握玉多为西汉中期以后出现的，一般为猪形。最早的玻璃猪出土于徐州北洞山西汉楚王墓,只剩后半部,残长9.5厘米,宽6.7厘米,高5.8厘米,重852克,淡绿色,晶莹润泽,很像玉器。为什么握玉要选用猪的形状,专家有不同的推测。著名考古学家夏鼐先生推测是起巫术的作用;还有人推测是保证死者在阴间不缺肉食。

玻璃璧是玉璧的代用品。战国中期在湖南地区已出现丧葬用玻璃璧。玻璃璧在西汉时期还继续使用,器形一般大于战国时期的玻璃璧,纹饰仍是比较简单的谷纹和涡云纹。陕西兴平茂陵附近出土的一块西汉玻璃璧,直径达23.4厘米,重达1.9公斤,可称为玻璃璧之王。

玻璃装饰品 汉代的玻璃装饰品可分为人身上的玻璃装饰品和器物上的玻璃装饰品两类。

人身上的玻璃装饰品主要是珠、管。西汉时期镶嵌玻璃珠已经衰落,纹饰趋向简单化,以同心圆为主题花纹,配以简单的几何纹。四川、广东等偏远地区的西汉墓出土了零星的镶嵌玻璃珠,而在湖南、河南和湖北等地却很少见到。看来西汉时期这种镶嵌玻璃珠已经在走下坡路。西汉之后,这种特殊工艺的珠子就很少在中原地区出现了。

代替镶嵌玻璃珠的是单色玻璃珠。汉代墓葬中出土的玻璃珠多是单色,素面,无纹,一般为绿色、深蓝色、湖蓝色,半透明。

广州南越王墓的玉衣内头部位置出土大量的小玻璃珠,珠子的直径仅有2~3毫米,淡绿色,透明,外附白色风化层,这些小玻璃珠或许是头上的装饰品。玉衣内还出土了很多玻璃贝壳。其外表看起来很像是小小的海贝,但是用玻璃模压制成的。这些玻璃贝壳中心有穿孔,与一些金质小装饰品一同出土,可能是缝缀在丝质衣服上的。

文献记载,汉代的丧葬用具中有一种叫做"珠襦"的殓服,现在还不清楚是什么样子。《汉书·董贤传》:"及至东园秘器,珠襦玉柙,豫以赐贤,无不备具。"玉柙,即考古发掘出来的玉衣。珠襦是什么样子,还很难说,唐代大学问家颜师古在探讨汉代的珠襦时,认为是"以珠为襦,如铠状,连缀之,以黄金为缕"。看来,用玻璃珠做成"珠襦"的可能性是有的,特别是在一个墓中发现超过1000粒玻璃珠时,就要考虑是珠襦,归类于丧葬玻璃。

仿玉的玻璃耳珰是汉代玻璃中很常见的一个品种。其器形很特殊,类似喇叭形,一头大,一头小,中间穿孔。因为考古发掘时此物多在死者的耳边发现,因此定名为耳珰。玻璃耳珰多为深蓝色、绿色和墨绿色。器形虽然很小,但工艺很精,很像是用失蜡法铸造出来的。汉代还有一种蘑菇形的耳珰,没有穿孔,因此也有人认为它们不是挂在耳边的装饰品,而是丧葬用的玻璃耳塞。

汉代的人已用腰带。绊扣腰带的扣钩,称为带钩。带钩不仅可以绊扣腰带,还可以用于在腰带上悬挂刀剑、佩饰等物品。玉带钩在东周时已经出现了。汉代的带钩各种质料的都有,其中最珍贵的可能还是玉带钩。作为玉带钩的仿制品,玻璃带钩也出现了。广州横枝岗西汉墓出土的一件玻璃带钩,长7.8厘米,绿色,透明程度与现代玻璃差不多。

汉代器物上的玻璃镶嵌品品种也很多,有的镶在黄金制品上,有的镶在铜器和陶器上。河北满城1号汉墓出土的铜壶(见图5),在颈、腹部宽带纹间作鎏

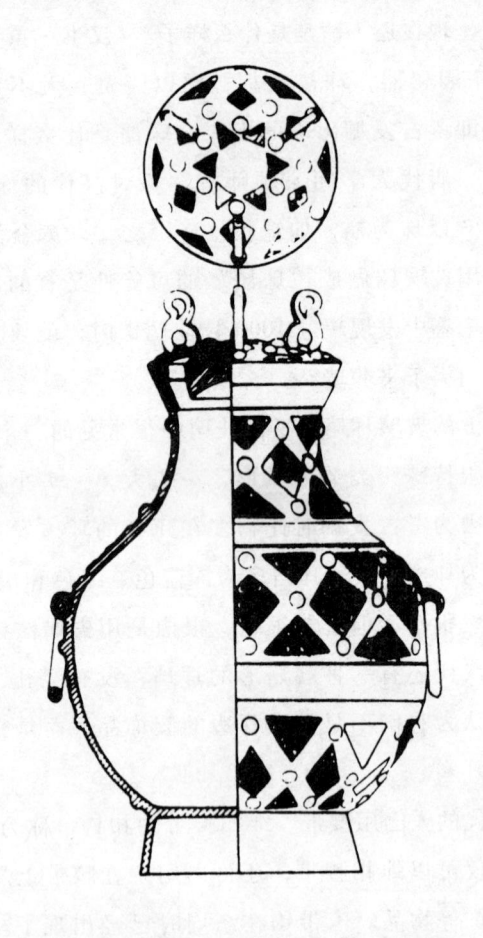

图5 河北满城1号汉墓出土的镶玻璃铜壶

金斜方格纹，方格纹中填嵌绿玻璃，玻璃上划出小方格圆点。

河北省定州市西汉中山怀王刘修墓（公元前55年）出土了大小马蹄金各2件、麟趾金1件。马蹄金内部中空，底面内凹，呈马蹄状。值得注意的是，4件马蹄金的顶部都以嵌绿色玻璃为盖。麟趾金呈兽蹄状，底面中心内凹，周壁前缘向后倾斜成坡状，周壁上部贴掐丝金花一周，顶部也是嵌绿玻璃为盖。这种马蹄金和麟趾金在当时不是流通的货币，而是作为一种祥瑞物，由皇帝特意赐给诸侯王的。选用玻璃嵌在黄金制品上，可见玻璃制品在当时是相当珍贵的。

广州南越王墓出土了11对牌饰，都是鎏金铜框嵌蓝色板块玻璃。这些蓝色玻璃长8.5～10厘米，宽3.5～5厘米，色泽晶莹，蓝如湖水，透明如镜，而且玻璃中包含的气泡极少，可以看出，其制作水平相当高。经过化学检测，这些蓝玻璃是国产的铅钡玻璃。在玻璃发展史上，平板玻璃的出现非常重要。有了平板玻璃，才能有玻璃窗、玻璃镜，玻璃才能用做建筑材料。汉代的鎏金铜框玻璃牌饰上的玻璃板块，虽然还不能称为平板玻璃，但是用铸造的方法制成透明度这样高的玻璃板是相当难的。鎏金铜玻璃牌饰是用来佩带在身上代表身份的，这样的玻璃板块镶到窗户上虽然稍小些，但也能起到透过光线、挡住寒风的作用。

镶嵌玻璃珠作为独立的装饰品在汉代已经走下坡路了，但是多重同心圆的装饰效果是其他材料难以达到的，于是工匠们就做出带有蜻蜓眼纹的小块玻璃，镶嵌到其他器物上作为装饰。徐州北洞山西汉楚墓出土了3件带有蜻蜓眼纹饰的玻璃块。玻璃为深蓝色,半透明,表面嵌有4个或6个蜻蜓眼纹饰。玻璃块的形状呈不规则椭圆形,球面底部都是平的,最大的一块长1.8厘米,宽1.2~0.6厘米,应是器物上的嵌饰物。

在汉代玻璃器中,长沙西汉墓出土的一件玻璃矛非常特殊。这件迄今发现的唯一的玻璃矛,很难将其归到某一类玻璃器中。在古代,无论是东方还是西方,矛都是用于狩猎和作战的武器,质地有石、有铜、有铁,却很少见到玻璃制成的矛头。这件玻璃矛显然不是实用的兵器,而可能是用于仪式典礼上的器物,或是一件工艺品。因此,这里暂且将它归到玻璃装饰品类。

玻璃矛(见图6)由刺身和柄组成,通体一次铸成,全长18.8厘米。刺身较短,前尖锋稍为圆钝,两侧刃不锋利,中部有凸起的棱脊,脊两侧有牙形血槽,刺身长9厘米,两刃之间最宽处为2.6厘米。柄为圆柱形,近刺身处较粗,末端则渐细。在柄的中部有一圆球形凸起。柄长9.8厘米,最大直径1.2厘米。表面有明显打磨痕迹。玻璃为浅蓝色,透明,内有少数小气泡。这个玻璃矛没有经过化学测试,但做过比重

图6 长沙西汉墓出土的玻璃矛

测试，其比重为 2.47 克/厘米^3。从比重上看，不会是汉代中原地区生产的铅钡玻璃，有可能是一般的钠钙玻璃或钾钙玻璃。

这个玻璃矛的刺身部分与我国汉代的矛比较接近，但柄上凸起的圆球，是中国和其他国家的矛都没有的。此圆球可能是仿制汉代铜矛柄上用于固定木柄的两个小耳，但由于玻璃质脆，不易铸出两个小耳，因而用凸起的圆球来代替。这件矛应当是中国制造的，至于是不是在长沙附近则有待探讨，因为长沙附近的汉代玻璃多为比重大于 3 的铅钡玻璃。

铅钡玻璃与炼丹术 考古发掘出来的大量玻璃制品证明，中国汉代的玻璃制造业已经达到相当高的水平。从已经检测过的汉代玻璃样品中可以看出，中国汉代的玻璃制品大多是铅钡玻璃。氧化铅能够降低玻璃的熔融温度，提高玻璃的折射率和可塑性。实际上，氧化铅本身也是玻璃的构成成分，其作用和二氧化硅一样，已知玻璃含氧化铅可高达 90%。氧化铅还可以增加铜、锑、锡等元素的溶解性，制成完全不透明的玻璃。铅玻璃在今天的玻璃生产中也占有很重要的地位，遮挡 X 线的防护玻璃和高级装饰品玻璃都离不开氧化铅。关于铅玻璃制造历史的最早文献资料，是伊拉克尼尼微（Nineveh）出土的公元前 7 世纪的楔文泥版，那上面记载了铅玻璃的配方。在公元前 8～前 6 世纪的尼姆鲁德（Nimrud）遗址中也曾出土过鲜红色的玻璃块，经化验，含氧化铅高达 22.80%。

我国自战国时期出现的玻璃不仅含有很高的氧化

铅，而且还往往含有相当高的氧化钡。这种古代的铅钡玻璃令世界惊奇。直到19世纪，欧洲科学家才认识到氧化钡可以增强玻璃的折射率，为了制造光学玻璃，把氧化钡引进了玻璃的原料中。在此之前，无论是欧洲，还是西亚，玻璃都不含氧化钡（除非是作为微量元素）。因此氧化钡的存在被视为中国古代玻璃的显著特征。

中国的这种铅钡玻璃在汉代的文献中是否有记载呢？

一般认为"琉璃"一词是指古代玻璃。在汉代文献中已经使用琉璃这个词了。西汉桓宽的《盐铁论》中说："……是以骡驴骆驼，衔尾入塞；騨騱騵马，尽为我畜；鼲貂狐貉，采旄文罽，充于内府，而璧玉、珊瑚、琉璃咸为国之宝。"西汉扬雄的《校猎赋》有"方椎夜光之流离，剖明月之珠胎"句。可以看出，"琉璃"或"流离"一词在西汉时是指一种珍贵的物品，是不是指玻璃，还很难确定。东汉时期的文献又出现"璧流离"一词。《汉书·地理志》中记载武帝使人入海求取璧流离。但璧流离是否就是指玻璃，也不明确，有的学者认为璧流离是印度产的绿宝石或阿富汗产的青金石。《西京杂记》一书曾多次出现琉璃一词，如"赵飞燕女弟居昭阳殿，……窗扉多是绿琉璃，亦皆达照，毛发不得藏焉"。这是说赵飞燕的妹妹住在昭阳殿，窗上镶着绿琉璃，从窗外可以透过绿琉璃看到殿内人的头发。自然界没有这么"达照"的绿色玉石可以做成这样的窗扉，这里说的绿琉璃显然是指绿色玻璃。但《西京杂记》一书虽题为西汉刘歆所著，但人皆知其为伪托，实际上是晋代人的作品。所以，虽然"琉璃"一词在晋代肯定是指玻璃，但目前还不能确定汉代文献上的琉璃或璧流离就是玻璃。

最早明确记载玻璃制造的是东汉王充的《论衡·率性篇》"天道有真伪。真者固自与天相应，伪者人加知巧，亦与真者无以异也。何以验之？《禹贡》曰'璆琳琅玕'者，此则土地所生，真玉珠也。然而道人消烁五石，作五色之玉，比之真玉，光不殊别，兼鱼蚌之珠，与《禹贡》璆琳皆真玉珠也。然而随侯以药作珠，精耀如真，道士之教至，知巧之意加也。阳遂取火于天，五月丙午日中之时，消炼五石，铸以为器，磨砺生光，仰以向日，则火来至。此真取火之道也。"王充所说的"五色之玉"、"珠"和"阳燧"，可以肯定是人工制造的玻璃。值得注意的是，王充在这里提到了制造玻璃的"道人"。

道家是开始于春秋时代的一个思想派别，以老子、庄子为主要代表。道家基于追求原始自然和谐生活这一信念，顺理成章地把他们所普遍遵循的道理称之为"道"。道家从一开始就有两派，一派宣扬消极胜于积极、无为胜于有为的哲学思想；另一派则弃绝尘世生活，企图通过饮食等修行手段，最终达到长生不老，肉体不朽。为求长生不老药，他们热衷于各种炼丹术。王充《论衡》中提到的"道人"，很可能就是从事炼丹术的道人。

《论衡》只记述了"道人消炼五石，作五色之玉"，却没有明确指出"五石"是什么，其中是否有铅矿。广州南越王墓出土的银药盒中有五色药石，经测定是硫黄、紫水晶、辰砂、铅块、孔雀石。这五种颜色的药石可能就是汉代炼丹术道人经常采用的矿石。用这五种药石当然烧炼不出玻璃来,但其中的紫水晶、铅块是熔制铅玻璃的主要原料。西汉末东汉初成书的现存最早的丹经《黄帝九鼎神丹》提到"取胡粉烧之,令如金色",胡粉即是铅粉。东汉炼丹家狐刚子所撰《粉图经》是一部介绍以金属铅煎炼铅丹的专著。由此可见,铅矿石是中国炼丹术的主要材料之一。很可能道人们在反复试验炼制金丹的过程中,发现用铅矿石和石英砂焙烧可以炼制出质地润泽、光洁晶亮的玻璃。

中国战国时期和汉代的玻璃不仅含氧化铅,而且含氧化钡。这种成分独特的玻璃来源于我国特有的矿石原料。我国最主要的铅矿石是方铅矿,而方铅矿经常与重晶石($BaSO_4$)共生。用这种共生矿,经过氧化焙烧,得到的氧化铅中自然含有氧化钡。湖南自古以来是盛产铅的地区,现已查明,这一带多为方铅矿和重晶石的共生矿。以这类矿石焙烧后的煅灰为原料熔炼出的玻璃,自然是铅钡玻璃了。

北京大学化学系赵匡华教授就炼丹术对中国古代玻璃发展的贡献作过深入的探讨,他指出:"探讨中国玻璃的源流时,历代炼丹术的专著是必须研读的。"这是很有见地的。

广西地区的钾玻璃之谜

广西地处祖国的南疆,自秦始皇统一岭南后,广西一直在中国的版图内。在近几十年的考古发掘中，广西已经发现了较多的古代玻璃制品，特别是汉代的玻璃制品。这些玻璃制品与中原的玻璃制品面貌不完全相同。有些玻璃样品经过化学分析，发现其氧化钾的含量非常高，既不同于西亚的钠钙玻璃，也不同于中原地区的铅钡玻璃。这种以氧化钾为助熔剂的玻璃的来源及发展，引起了国内外学术界的高度重视。

广西的汉代玻璃器，集中出土于合浦、贵县、昭平、梧州等地的汉墓中。根据器形和用途的不同，可分为玻璃装饰品和玻璃容器两类。

玻璃装饰品 玻璃装饰品中以各种式样的玻璃珠最多，经过考古发掘出土的汉代玻璃珠已超过5000颗。除了玻璃珠外，还有玻璃环以及数量较多的玻璃耳珰、玻璃璧和玻璃九窍塞等。其中，玻璃璧、耳珰和鼻塞与中原汉代的玻璃器的形制相同，而且经过化学测试，多为铅钡玻璃。这些铅钡玻璃装饰品可以看做是通过贸易从中原输入岭南的。

广西出土的汉代玻璃珠数量很大，黄启善在《广西古代玻璃制品的发现及研究》一文中，将广西出土的玻璃珠按形状分为5式：

第一式圆算珠形。数量最多，最大的长0.5~1厘米、直径0.3~0.5厘米，最小的长0.2~0.5厘米、直径0.1~0.3厘米，中间穿孔，孔径0.1~0.2厘米。蓝色为主，另外还有青、淡青、绿、湖水蓝、白、月白、砖红、紫褐等颜色。半透明居多，不透明者少，易碎。虽埋于地下数千年，但绝大多数还保留有玻璃质的光泽。经能谱（EDAX）分析其中的3件玻璃珠，包括西汉蓝色珠2件及东汉红色珠1件，含氧化硅65.9%～81.2%，氧化钾达12.16%～15.88%，属于钾硅玻璃系统。

第二式椭圆形。淡绿色，透明，中间穿孔。长1.8厘米、直径0.3～0.5厘米。经能谱分析，含氧化硅83.9%，氧化钾含量达11.03%，属于钾硅玻璃系统。

第三式棱形珠。淡青色，透明，分六棱和八棱形两种，两头尖，中间穿孔，长1厘米。

第四式橄榄形。绿色，半透明，中间穿孔，表面有玻璃质的光泽，肉眼可看到细密的小气孔。长1.7厘米，头径0.2厘米，孔径0.15厘米。

第五式渔网坠形。深蓝色和紫色。长0.6厘米，头径0.25厘米，中间径0.4厘米，孔径0.1厘米。经能谱分析，含氧化硅78.22%，氧化钾含量达13.81%。史美光对其进行了原子吸收光谱法（AAS）分析，结果与能谱分析基本相似，属于钾硅玻璃系统。

除玻璃珠外，玻璃装饰品还有环、龟形器等（见图7）。

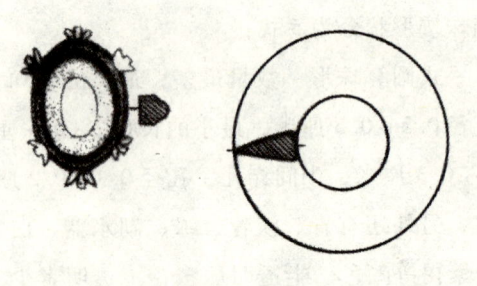

图7 广西汉墓出土的玻璃环和龟形器

2件玻璃环出土于合浦县饲料公司第7号西汉墓。为圆环形，环内缘厚隆，逐渐向外缘变薄。模压成形，蓝色，半透明。外径7.5厘米，内径3.2厘米，最大厚度1厘米。经能谱分析，含氧化硅73.83%，氧化钾高达17.6%。这是已化验的钾玻璃中含氧化钾最高的一例。

1件龟形器1985年2月出土于合浦县文昌塔第1号西汉墓。为椭圆形，中间凸起且穿孔，4只爪，爪呈三叉形，头、尾的形状与爪相似，头部中心穿一小细孔。透明，青绿色，开细小冰裂纹，模压成形。长5.5厘米，宽2.1厘米，厚0.95厘米。经能谱分析，含氧化硅77.87%，氧化钾为16.97%，属于钾硅玻璃系统。

广西出土的大量汉代玻璃珠，与中原的玻璃珠差别比较大。广西汉代玻璃珠的出土数量比中原地区的墓葬出土的数量要多。这些玻璃珠，有的与玛瑙、琥珀、水晶、绿松石、金等各种不同质地的珠饰一起出土，但也有少数玻璃珠单独出土。一般一墓少则1颗，多则达千余颗，如合浦县堂排第3号西汉墓共出土1080多颗。这是目前广西发现玻璃珠最多的一例。

这些玻璃珠出土时，绝大多数位于人骨架的头部或胸至腰部之间，应是死者身上所佩带的饰物；极少数玻璃珠未佩带于死者身上，而是与其他随葬品放在一起，作为财富的象征。如1985年2月在合浦县廉州爆竹厂第1号西汉墓中出土的800余颗玻璃珠，就不是佩带于死者身上，而是与数百枚五铢钱放在一个漆盒内，上层为玻璃珠，下层为五铢钱。墓主人身上佩带金珠和玛瑙珠饰。可以说岭南的人们更喜爱各种珠饰。

广西出土的汉代玻璃珠不仅化学成分与中原地区的不一样，制造方法也与中原玻璃不同。中原汉代玻璃珠管都是采用缠丝法，这是从战国时期就采用的古老方法。直至今日，此法仍是中国手工制造玻璃珠的主要方法。所谓缠丝法，是将玻璃条在火焰上烤至可塑状态，拉成长丝，趁热缠绕到金属丝上，金属丝上多附着一层黏土或其他材料，以便玻璃珠管冷却后从金属丝上取下来。这种方法制成的珠子形态不太规整，多为球状，有时能看到玻璃丝缠绕的横纹，珠子穿孔内壁往往残留黏土。广西出土的汉代玻璃珠多采用拉制法（Drawn Beads），即先把软化的玻璃拉成中空的玻璃管，再将玻璃管夹截成一个个玻璃珠。虽然学者们对古代玻璃匠人用什么方法将玻璃拉制成中空的玻璃管有不同的看法，但拉制法制成的玻璃珠上的纹路是与穿孔平行的，玻璃珠内的长形气泡也与穿孔平行。由于不是在玻璃管完全冷却后再截成珠子的，所以珠子靠近穿孔的两面并不是完全平面的，但珠子的形状以圆柱形为基形。

广西出土的汉代玻璃珠与中原的产品差别如此之大，使人们有理由认为，它们或是自成体系，或是另有来源。

玻璃容器 广西汉墓中除发现了大量的玻璃珠饰外，还发现几件精美的玻璃容器，主要器形是托盏玻璃杯、高足杯和圜底杯。

托盏玻璃杯 1 件。1957 年贵县东郊南斗村第 1 号东汉墓出土。整个器形基本完整，由杯、托盘两个部分组成，杯口敞开，深腹，外腹部饰两道弦纹。托盘也是敞口，平底，内底有圆形凹槽，杯足可套入凹槽，既稳妥又美观。通体透明，与现在的玻璃制品十分相似，淡青色，开细小冰裂纹。杯高 8.2 厘米，口径 6.4 厘米，足径 5.2 厘米，盘高 2 厘米，口径 12.4 厘米，底径 9 厘米，胎厚 0.1～0.4 厘米（见图 8）。

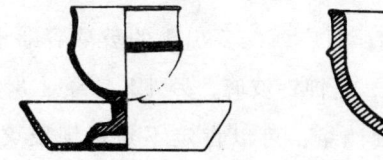

图 8　广西南斗村 1 号东汉墓出土的托盏玻璃杯和贵县汽路 5 号东汉墓出土的玻璃圜底杯

高足杯 1 件。1977 年贵县风流岭第 2 号汉墓出土。因残碎过甚，无法复原。玻璃为淡青色，透明。经能谱分析，含氧化硅 76.28%，氧化钾 15.43%，属于钾硅玻璃系统。

圜底杯 3 件。其中第一件 1957 年出土于贵县火车站东汉墓。广口，折沿，直腹，淡绿色，透明。外腹饰两道弦纹，模压成形。杯高 3.2 厘米，口径 5.8 厘米。经清华大学工程物理系张日清、曲长芝用 X-荧光定性分析，属于 $K_2O～CaO-SiO_2$ 玻璃系统。现藏于中国历史博物馆。第二件系 1957 年贵县汽路第 5 号东汉墓出土。广口，直腹，腹的中部饰一道弦纹，蓝色，半透明,模压成形。高4厘米,口径7.7厘米,厚1厘米(见图8)。经密度测定属于钾玻璃系统。第三件是1987年贵县风流岭第2号汉墓出土。蓝色,半透明,因破碎过甚,不能复原。经能谱分析,含氧化硅74.94%,氧化钾15.99%,属于钾硅玻璃系统。

广西汉墓出土的玻璃容器与中原地区汉墓出土的玻璃容器有较大的差异。

中原汉代玻璃容器,如徐州北洞山楚王墓出土的直筒杯和河北满城中山靖王墓出土的耳杯,经过化学测试,都是铅钡玻璃;而广西汉墓出土的玻璃容器中有2件作过化学检测,是钾钙玻璃,另外2件经过X-荧光无损检测和密度测量,可以肯定不是铅钡玻璃。玻璃成分的完全不同,说明广西和中原的玻璃容器的来源不同。

中原汉代玻璃容器是仿制玉器的,因此器形上可以在汉代玉器中找到原型,例如玻璃耳杯。作为仿玉器,中原汉代玻璃多是不透明的,颜色也与玉石相仿,多为浅绿色、浅蓝色,有玉器晶莹润泽的效果。广西汉墓的玻璃容器的器形与中原汉墓出土的玉器没有明显可比性,其玻璃容器的透明度比较好,一般都可以达到半透明,表明这些玻璃容器追求透明的效果,而不是追求仿玉的效果。特别是广西贵港市汽路第5号东汉墓和贵港市风流岭第2号汉墓出土的两件圜底碗,都是深蓝色半透明,自然界找不出可以制作这样大的容器的深蓝色半透明的天然玉石或宝石,它们是在表现玻璃所特有的透明之美。

从工艺上看，广西与中原的汉代玻璃容器也有差异。虽然两者都在铸造成形后经过抛光，即玻璃容器拿在工匠手上加工，但中原汉代玻璃容器在放大镜下可看到打磨的痕迹，从痕迹上看，打磨的方向不一致；广西汉代玻璃容器就不同了，一般用肉眼即可以看到打磨痕迹，而且打磨痕迹的方向一致，就像在车床上车旋出来的一样。实际上，此工艺也确实是把玻璃容器固定在转轮上、旋转转轮进行抛光的。广西贵县东郊南斗村第1号东汉墓出土的玻璃托盏，通体透明，报告中说器壁薄处仅有0.1厘米。有人推测是吹制成形的。笔者观察过这一托盏，车床磨旋出来的痕迹非常明显，可以肯定是铸造成形之后经过车床抛光制成的。其工艺非常精湛，超过了中原地区的玻璃工艺。

关于广西汉代钾玻璃来源的讨论　对于广西汉代玻璃的来源问题，学术界有不同的看法。一种看法是广西汉代玻璃是我国自制产品，一种看法是从海外输入的西方产品，还有一种看法是在外来技术的影响下自制的。

广西汉代玻璃的特殊性在于它的化学成分与众不同。埃及的古玻璃一般都是以氧化钠为助熔剂的钠钙玻璃，中国中原的战国汉代玻璃是以氧化铅为助熔剂的铅钡玻璃，而广西汉代玻璃是以氧化钾为助熔剂的钾钙玻璃。

从已经知道的世界玻璃发展史上看，欧洲将氧化钾代替氧化钠用于玻璃制造是在中世纪。当时兴建教堂需要大量的玻璃装配教堂的窗户，而北非高质量的自然纯碱供不应求,因此用草木灰代替自然纯碱熔制玻璃。当时欧洲多用山毛榉的灰。山毛榉灰含氧化钾超过20%。美国康宁玻璃博物馆的布里尔博士研究了西亚地中海东岸到中亚阿富汗的古代玻璃,发现距地中海东岸越远的内陆地区,古代玻璃中的氧化钾的含量越高,这可以解释为离地中海东岸越远的地区,获得北非自然纯碱就越困难,因此用当地的草木灰作玻璃的助熔剂。布里尔博士还在阿富汗的赫拉特(Herat)发现了一家再现古代玻璃工艺的作坊。作坊的主人用当地的沙棘烧成草木灰作助熔剂,用烧木柴的熔炉将石英石和草木灰熔成玻璃,之后再手工吹制成各种简单的容器。因此,当人们看到玻璃中含较多氧化钾时,自然就会联想到草木灰。

广西汉代钾玻璃与一般用草木灰作助熔剂的钾玻璃有所不同。一般草木灰中固然都含有一定量的氧化钾,但除了氧化钾、氧化硅外,还都含有相当量的氧化镁。张福康研究我国瓷釉的时候,考察了中国常见的12种植物的草木灰,发现氧化镁与氧化钾总是共存的。西方中世纪时用植物灰作助熔剂的钾玻璃中,一般含有3%~5%或更高的氧化镁。而广西汉代钾玻璃的氧化钾含量高达15%,但氧化镁的含量一般都不足1%。这意味着广西汉代钾玻璃采用了与西方钾玻璃不同的原料。

史美光认为广西汉代钾玻璃有可能是用硝石做原料熔制的。硝石(KNO_3)在我国应用的历史很长。长沙马王堆汉墓中出土的帛书记载的医方中即有消(硝)

石。硝石是我国古代炼丹术中常用的原料，也是我国古代制造火药的原料。我国元末明初山东博山的玻璃作坊也采用硝石作助熔剂。因此，广西汉代的钾玻璃很可能是用硝石作助熔剂制成的。

提出广西钾玻璃中的氧化钾是来自硝石，又了解我国有硝石的资源，而且利用硝石的历史悠久，并不等于可以肯定广西玻璃是土生土长的地方产品。汉代的广西地处边陲，一般文化技术都落后于中原地区，唯独玻璃容器的制作水平高于中原，这种现象似乎不好解释。

我国汉代的文献上没有关于广西玻璃制造的记载，但稍晚的晋代文献有一些记载。其中最确切的是葛洪的《抱朴子》："外国作水精碗，实是合五种灰以作之，今交广多有得其法而铸作之者。"葛洪是东晋时期的著名道家，哲学家，学识渊博，富有创见。他的著作《抱朴子》不仅讲了道家的炼丹术，而且也记载了当时流行的宗教信仰、社会习俗和生活方式。他讲的用五种灰做成的"水精碗"，可以肯定是玻璃碗，而不是天然水晶。《抱朴子》中提到的"交广"是指今天的广西、广东和越南附近。文中明确记载了那里的匠人学得外国的方法铸成玻璃碗。

西晋的另一部文献也应受到重视。万震的《南州异物志》说："琉璃本质是石，欲作器，以自然灰治之。自然灰状如黄灰，生南海滨，亦可浣衣。用之不须淋，但投之水中，滑如苔石。不得此灰，则不可释。"这里的琉璃，肯定是指人工制造的玻璃。万震对自然灰作了详细的描述,说它的形状像黄灰,可用于洗涤衣服,使用时用不着过滤,直接放入水中,水就变得很滑润。这些都符合硝石的性质,因此"自然灰"有可能就是指硝石。《南州异物志》中记载的"异物"不仅是我国南方的异物,很多是南洋的"异物",他讲的"自然灰"生南海滨,"南海滨"可以指我国南部沿海地区,也可能是指南洋即东南亚诸国。

探讨广西汉代钾玻璃来源的最大困难,是迄今为止对东南亚沿海古代玻璃的研究仍相当贫乏。越南和柬埔寨由于多年的战争,顾不上考古发掘工作。笔者曾访问过泰国,考察过泰国公元前1世纪到公元1世纪的玻璃珠。令笔者吃惊的是,泰国古代玻璃珠的颜色、形状及拉制法制作的工艺,与广西汉墓出土的珠子几乎一模一样,数量上比广西汉墓还多。遗憾的是泰国的古代玻璃珠还没有作过化学检测,不知道是否也是硝石作助熔剂制成的钾玻璃。笔者还发现泰国有高质量的硝石资源,最迟在13世纪,泰国大量向外国出口硝石。如果我们继续沿海往西追寻,印度半岛东海岸的本地治里是罗马帝国时期东西贸易的重要港口,曾发掘出土了罗马玻璃残片和一块与广西汉代玻璃圜底碗几乎一样的残片(见图9)。本地治里是古代南亚地区最大的玻璃珠子制造中心,开始于公元前6世纪,最兴盛的时期是公元前3世纪到3世纪。印度古玻璃珠的制作方法也和广西汉代玻璃珠一样,是拉制的。玻璃珠中以半透明的蓝色最多,最为醒目的是一种不透明的砖红色玻璃珠,有人将其称为印度红。广西汉代玻璃珠中也有这种不透明的砖红色珠子。印度的古代玻璃曾作过很多化学检测，绝大多数是钠钙玻璃，但本地治里出土的纪元前后的 3 个玻璃珠子样品的化学成分是钾硅玻璃，而且氧化镁的含量不高，暗示着是用硝石作助熔剂制成的。

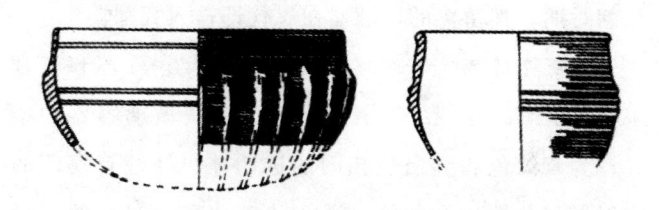

图 9　印度本地治里出土的罗马玻璃残片

总之，中国广西汉代钾玻璃的来源、发展、衰落等问题，由于缺少资料，特别是缺少东南亚一带的考古资料，目前给出结论还为时过早。但是无论这些古玻璃是我国匠人制造的，还是通过贸易输入的，都是与当时东南亚一带海路的开通、各国间文化贸易交流频繁的大环境分不开的。中国汉代墓葬中已经出土的精美的罗马玻璃容器，便是东西两大文明交往的实证。

3　罗马玻璃的进口

罗马玻璃是罗马帝国时期（公元前 27～公元 496 年）玻璃的简称。公元前 1 世纪末，罗马成为版图囊括地中海沿岸的大帝国，在它疆域最大的时候，从大西洋到阿拉伯海，从莱茵河到撒哈拉沙漠均属其统治。罗马帝国的经济虽然还是以农业为主，但手工业和内外贸易都高度繁荣,城市十分发达。玻璃业是罗马帝国的主要手工业之一。在罗马帝国统治的 500 年里,玻璃器数量之大、品种之多、质量之精,在世界玻璃史上占有非常重要的地位。

罗马玻璃繁荣发展之际,中国正处在两汉魏晋南北朝时期,其精美的玻璃器在汉代即输入我国。

马赛克玻璃钵与海路交通　1981 年,江苏邗江甘泉 2 号汉墓(公元 67 年)出土了 3 块玻璃容器的残片,为紫红色和乳白色相间的透明体,外壁有模印的辐射形竖凸棱作为装饰。这 3 块玻璃残片复原的器形是钵。这种带竖凸棱条装饰的平底钵在我国很罕见,而在公元前后 1 世纪的地中海沿岸非常流行。

此种玻璃采用马赛克(Mosaic)装饰技法,即将紫红色透明玻璃小块和白色半透明玻璃小块混合起来,经过多次加热,使两种玻璃变软,结合为一体,再模压成形。其成品有类似大理石花纹的艺术效果,非常美丽。掌握这种技法并不容易。一方面,两种不同颜色的玻璃一定要选热膨胀系数相同的,否则成品易破裂;另一方面,还需要按一定规律排列,才能达到仿大理石纹路的艺术效果。公元前后罗马领地的玻璃匠经常采用这种技法,他们爱用的颜色多为蓝和白、褐和白、紫红和白,甚至还有用 3 种或 4 种不同颜色的玻璃马赛克。在排列方法的应用上,他们也得心应手,成品的纹路千姿百态。我国出土的玻璃器皿中只有这件采用马赛克技法,以玻璃残片的质量来看,当出自纯熟地掌握此种技法的工匠之手。

该残片经化学分析，为钠钙玻璃，氧化铝的含量较高，氧化钾和氧化镁的含量很低，均不超过1%，符合罗马玻璃的标准组成。

此种玻璃残器的器形、制作方法、装饰手法及其主要成分，都与罗马帝国的同类产品相似，年代上也相符。与此很相似的一件器皿现存伦敦不列颠博物馆，是英国1世纪遗址中出土的。邗江甘泉2号汉墓出土的3块马赛克玻璃钵残片，引起学术界的重视，因为这是离产地最远的、最早的罗马玻璃。

罗马玻璃在中国东南沿海发现并不是偶然的。广州市横枝岗的西汉中期墓出土的3件玻璃碗，有可能是我国出土的最早的罗马玻璃。这3件玻璃碗的器形、颜色完全相同，都是深蓝紫色，半透明，平底直口，口径10.6厘米，底径4厘米，壁厚0.3厘米。模制成形。外壁经过打磨，口沿下刻有一道阴弦纹。内壁光滑无痕，可能经过光焰抛光。其中一件碗经过X-荧光定性分析，可以确定不含铅钡。由于没有作过化学成分测定，现在还不能确定是钠钙玻璃还是钾钙玻璃。如果是钠钙玻璃的话，那么这3件蓝色玻璃碗就是到达我国最早的罗马玻璃了。

广西汉墓出土的钾玻璃容器，虽然在化学成分上与罗马玻璃有差异，而且器形上比较有地方特色，但其制作工艺，特别是固定在车床上抛光的工艺，与同时期的罗马玻璃工艺是一样的，这种现象恐怕不会是巧合。

《汉书·地理志下》有一段记载，记述了汉代的海路交通:"自日南障塞、徐闻、合浦船行可五月,有都元国;又船行可四月,有邑卢没国;又船行可二十余日,有谌离国;步行可十余日,有夫甘都卢国。自夫甘都卢国船行可二月余,有黄支国,民俗略与珠厓相类。其州广大,户口多,多异物,自武帝以来皆献见。有译长,属黄门,与应募者俱入海市明珠、璧流离、奇石异物,赍黄金杂缯而往,所至国皆禀食为耦,蛮夷贾船,转送致之。"这一段记载相当详细。日南在今越南顺化以北的广沿一带,汉时在中国的版图中,是南方的屏障要塞;徐闻、合浦即今天广东徐闻县和广西的合浦县。这3个地方是汉武帝时通往西南海商队的出发点。乘船航行5个月到马六甲海峡的都元国,又船行4个月到今缅甸仰光以北的邑卢没国,又船行20余日,到达伊洛瓦底江流域的谌离国,弃船登岸,沿伊洛瓦底江上行10余日,到今缅甸朗勃附近的夫甘都卢国。再顺伊洛瓦底江下行出海,行2个多月即到达印度半岛东南部的黄支国。中国商队用黄金和各色丝绸换取"明珠、璧流离、奇石异物",其中肯定也包括了玻璃器。

西方的古代文献中也有玻璃器东运的记载。公元前1世纪的一位希腊人周航红海、波斯湾、印度半岛东西两岸,写下《爱利脱利亚海周航记》,书中记载了中国的位置和物产,也记载了地中海沿岸的玻璃器东运的情况。在东西海路交通的重要港口——印度半岛的本地治里出土了1世纪的罗马玻璃残片,其中一块模制的竖凸棱条钵的残片与江苏邗江甘泉2号墓出土的残片很相似,另一块凸弦纹碗的残片与广西贵县出土的碗几乎完全一样。文献和出土实物都说明,最迟在汉代,东西两大文明间即存在着海路交通。

缠丝玻璃瓶与陆路交通

1987年,洛阳的一座东汉墓出土了一件缠丝玻璃瓶(见图10)。瓶子的形状类似现代化学实验室用的烧瓶:平底,长颈,瓶身为圆锥形,高13.6厘米,口径3.7厘米。玻璃为绿色,透明,外面缠绕着白丝作为装饰。由于在墓里埋藏了近2000年,玻璃表面附着一层发黑的风化物。这件玻璃瓶不仅器形与中国传统器形不同,而且成形的方法也和中国汉代玻璃器截然不同,是采用吹制法成形的。

图10 洛阳东汉墓出土的缠丝玻璃瓶

玻璃吹制成形法是充分利用液态玻璃的可塑性,利用液态玻璃在温度下降时逐渐变硬直至固态的特殊性质而发明出的一种独特的成形方法。在玻璃吹制成形法发明前,任何其他材料都没有采用过这种方法。吹制法最早出现在公元前1世纪中叶的地中海东岸,是罗马帝国对世界玻璃发展史的最重要的贡献之一。

洛阳东汉墓出土的缠丝玻璃瓶属于地中海沿岸很常见的一种罗马玻璃瓶,它的特征是圆锥形瓶身,长颈,口沿外展后内折成平唇。这种玻璃瓶最早出现于1

世纪 30 年代，持续到 1 世纪末或 2 世纪初。洛阳东汉墓出土的这件缠丝玻璃瓶是来自地中海沿岸罗马帝国的玻璃产品，是通过陆路丝绸之路输入我国的。

1979 年，一个由苏联和阿富汗考古学家组成的联合考察队在古代大夏西境发现了一处埋藏有数万件黄金艺术品的贵族墓地。墓地位于阿富汗北部席巴尔甘东北 5 公里处。这里本是一处公元前 1000 年的大夏史前神殿遗址，遗址内外排列着 6 座充满黄金的古墓，仅黄金艺术品就多达 2 万余件。墓中还随葬了大批罗马、安息、天竺、斯基泰和西汉的艺术品，其中有两件瓶身为圆锥形的罗马玻璃瓶。根据墓中出土的罗马金币、安息银币和西汉昭明铜镜，这个墓地的年代可以确定为公元前 1 世纪到公元 1 世纪。罗马玻璃瓶在阿富汗出土，正反映出罗马玻璃向东贩运的路线。

玻璃容器非常娇贵，长途陆路运输中稍不小心，便会打破。玻璃珠饰可以通过游牧民族随身携带，在迁徙中进行以物易物的交换，传播到非常远的地方，而玻璃容器只有在商业道路开通之后，通过专业商人的贩运，才有可能横穿亚洲大陆。汉武帝时张骞出使西域，使东西直接交通变为可能。地处丝绸之路的中亚人恰恰又是天生的经商民族，在汉代时中亚人已经直接来中原经商。《后汉书·马援传》引耿舒评论他说："伏波（马援）类西域贾胡，到一处辄止。"说明西域的商人不仅长途贩运，而且在内地经商。《后汉书·西域传》记："商胡贩客，开款于塞下。"可以看出东汉时期中亚人经商来到中国的人数不少。

洛阳是东汉的首都，东汉时期，很多中亚人在洛阳定居。著名的佛经翻译家支谶就是中亚的月氏人，安志高则是来自伊朗高原的安息人，他们都在洛阳从事了多年的译经工作。由此看来，罗马玻璃在洛阳发现就不是偶然的了。

4 中国铅钡玻璃的东传

春秋晚期，西亚的玻璃珠饰以中亚游牧民族为中介，进口到中国中原地区，刺激了中国玻璃业的诞生。战国时期，中国已有了自己的玻璃制造业，利用本地原料，生产独特的铅钡玻璃。但铅钡玻璃并没有在中国止步，西汉时期，铅钡玻璃又东传到了日本和朝鲜半岛。

日本弥生时期的铅钡玻璃　日本最早的玻璃出现在弥生中期，即公元前1世纪~公元后初年，相当于中国西汉中期和晚期。最早的玻璃集中出土在北九州福冈县，包括中国汉代的玻璃璧、单色玻璃珠和玻璃管。这些玻璃珠、管经过化学分析，都是与中国汉代玻璃一样的铅钡玻璃。

日本早期玻璃中，最引人注目的是九州佐贺县吉野里遗址的75件玻璃管饰。它们出土于遗址北部坟丘墓中央的一座瓮棺里。这些管饰呈湖蓝色，色泽艳丽，透明度好，圆柱形，最大的长6.8厘米，直径0.8厘米，是早期玻璃管饰中的精品。这批玻璃管饰一出土，就引起日本学者的讨论：这些管饰是在中国制的？或是在日本制的？还是在朝鲜半岛制造后输入日本的？

吉野里的玻璃管饰采用缠丝法制成，管饰的外壁还残留着缠丝痕迹，穿孔内壁也残留着黏土。缠丝法是最古老的制珠方法之一，中国中原地区自战国时期即采用这种制珠法，直至今日，它仍是中国手工制珠的主要方法。

吉野里的玻璃管饰的化学成分与中国中原地区的玻璃基本一致。中国中原地区战国西汉的玻璃普遍含有铅、钡，一般氧化铅的含量为30%左右，氧化钡的含量超过10%。氧化钡含量高是中国古代玻璃的最显著特点。吉野里的玻璃管饰和北九州其他遗址出土的玻璃珠都是铅钡玻璃。这种化学成分的分析结果，最有力地说明了日本弥生中期出现的玻璃与中国中原地区关系密切。

然而，吉野里玻璃管饰的形态与中国汉代的珠管不一样。吉野里的玻璃管饰一般长3～4厘米，最长达6.8厘米，直径0.5～0.8厘米，为不太规则的圆柱形。中国战国西汉的玻璃珠饰以球形为主，虽然也有管饰出土，但器形多有变化，如束腰的喇叭形的耳珰或六棱柱形，或是镶嵌玻璃管。中国玻璃管的长度一般都不超过3厘米，像吉野里这样大型的单色圆柱形管饰在中国很少见到；只有吉林桦甸市横道河子西荒山墓群出土的玻璃管的形制、颜色与吉野里的玻璃管饰相似，但西荒山墓群的年代是在战国时期，目前看来，还不能证明两者之间有直接关系。

如何解释日本吉野里玻璃管饰的制作方法及玻璃

成分与中国相同、而形态又与中国不同呢？笔者推测，吉野里的玻璃管饰是将在中国熔制好的玻璃料块运到日本后，再加工成管饰的；而制造管饰的方法也是从中国传去的。在一个地方熔制玻璃，然后将半成品的玻璃料块作为商品运到另外一个地方加工成形，这是世界玻璃制造史上的普遍现象。玻璃成品在运输过程中易损坏，但运输玻璃料块不仅没有损坏问题，而且在海运中可以作为压舱物，不占舱位，非常经济。公元前1世纪希腊人写的《爱利脱利亚海周航记》中不仅记载了玻璃器的东运，还记载了"未加工的玻璃"东运的情况，"未加工的玻璃"可能就是指玻璃原料。目前还没有发现中国西汉时期的玻璃作坊遗址，但根据玻璃的出土地点，可以看出铅玻璃相对集中在湖南、河北和江苏。在这几个地点中，值得特别重视的是江苏。江苏扬州汉代墓葬中曾出土两件玻璃"玉衣"。玻璃衣片都是铅钡玻璃，制造这样一件"玉衣"，大约需要2000片玻璃，没有相当规模的铅钡玻璃生产是不可能的。江苏徐州北洞山西汉楚王墓出土了16件铅钡玻璃筒形杯和1件残破的玻璃兽。每件筒形杯的重量都超过了500克；玻璃兽残破仅剩半只，重量仍达852克，可以看出西汉时期已有能力熔制较大的玻璃料块了。江苏徐州附近有丰富的矿藏资源，西汉时期的徐州一带有可能是中国玻璃的重要产地之一。日本北九州地区地理上接近朝鲜半岛，距中国的东南沿海也很近，所以从中国向东传播的冶铜、冶铁和玻璃制造技术，都首先到达北九州。

任何一个民族在吸收外来先进文化技术时,都不是完全的模仿,而是经过再创造,把新技术融进本民族的传统文化中。西亚玻璃制造技术传入中国,中国很快就将其用于仿制玉器;中国的铅钡玻璃传入日本后,日本也没有完全模仿中国玻璃器,而是生产日本民族喜爱的玻璃管饰,在弥生晚期,就能大量生产独特的玻璃勾玉。正是由于世界各民族不断地吸收先进的文化和技术,并进行再创造,现代世界各民族的文化才这样丰富多彩,绚丽夺目。

朝鲜半岛的古代玻璃　朝鲜半岛是中国的近邻,与中国文化的联系更为密切,朝鲜半岛古代玻璃的发生和发展,也反映出这种联系。

朝鲜半岛上的玻璃制品最早出现在公元前 2 世纪前后,那时朝鲜半岛刚刚进入铁器时代。最早的玻璃制品中有一部分是中国汉代玻璃。公元前 109 年,汉武帝攻灭朝鲜半岛西北部分的卫氏王朝,次年置玄菟、乐浪、真番、临屯四郡,汉文化和比较先进的技术直接进入朝鲜半岛。平壤市乐浪时期的古坟出土了中原汉代的玻璃器,如束腰喇叭形玻璃耳珰和单色玻璃珠。这些玻璃饰品是随汉族统治者进入朝鲜半岛的。

朝鲜半岛最早的玻璃中也有一些与中原不完全一样的产品。在汉城南 100 公里的扶余合松里遗迹和唐津素素里遗迹都出土了玻璃管饰。这些玻璃管饰都呈湖蓝色,半透明,圆柱形,长 6 厘米左右,缠丝法制成。对合松里的一件玻璃管进行了化学分析,确定是铅钡玻璃,氧化铅含量为 26.73%,氧化钡含量为

11.98%，与中国中原玻璃成分基本一致。根据出土遗物，合松里和素素里遗址的年代都定为铁器时代早期，大约在公元前2世纪初。由于这种玻璃管饰与吉林桦甸横道河子西荒山墓群的玻璃管饰很相似，也与日本北九州佐贺县吉野里遗址出土的管饰很相似，因此有人推测这种玻璃管饰的传播路线是由吉林到朝鲜半岛，再越过对马海峡到达日本。

玻璃制造在朝鲜半岛的发展历史与日本不完全一样。中国的铅钡玻璃进入日本后，发展比较快，弥生晚期遗址中出土玻璃珠子和玻璃勾玉相当普遍，然而在朝鲜半岛上铅钡玻璃的发现都比较零星。在公元1～3世纪的朝鲜半岛的最南端的一些遗址中，比较普遍地出现单色玻璃珠子。这些玻璃珠子外观很像中国广西汉代的玻璃珠子，用拉制法制成，颜色多为深蓝色、不透明黄色和砖红色。这批玻璃珠子经过化学测试，和广西的汉代玻璃珠子一样，多是钾钙玻璃，氧化钾占15%左右，氧化镁含量不足1%，说明不是用草木灰作助熔剂制成的玻璃。这些玻璃珠子可能来自中国广西或东南亚的某个玻璃生产中心。

汉代是中国玻璃发展史上的重要时期。在经济繁荣和政治稳定的条件下，中国的玻璃业得以存在和发展。由于汉代人对玉的偏爱和汉代流行葬玉的风俗，天然玉石供不应求，为玻璃业生产仿玉产品提供了机会和市场。汉代中原的铅钡玻璃生产已具一定的规模，能够生产较大尺寸的玻璃容器、各式各样的丧葬用玻璃和装饰品。汉代的铅钡玻璃技术还东传到日本和朝鲜半岛。与此同时，在中国南方沿海，还有另一不同体系的钾玻璃，反映了汉代中国玻璃制造的多样性。

汉武帝广拓疆域，开辟了通往西域的商路，并派遣商船进行海上贸易。在汉代重视与其他国家商业贸易和友好交往的大环境中，罗马帝国的玻璃制品通过海路和陆路输入中国，标志着中国与西方的交流进入了一个新的阶段。

四 西方玻璃的大量进口和吹制技术的引入

从三国鼎峙到隋朝统一前，中国社会进入动荡时期。中国的铅钡玻璃业由于没有安定的发展条件而逐渐衰落。这个时期的上层社会荒淫奢侈，相互比赛，玻璃器作为"斗富"的宝物之一，罗马和萨珊器皿的进口增多。最晚在北魏时期，中国已采用了玻璃吹制技术。

1 "斗富"与西方玻璃的进口

西汉时期，地中海沿岸的罗马玻璃已经进口到我国，但西方玻璃器的大量东运，是在魏晋南北朝时期，这与当时统治阶级奢侈斗富之风是有联系的。

斗富的宝器 魏晋南北朝时期，世家大族占有大量的土地和财富，奢侈成风。他们还互相比赛，看谁家最富，称为斗富。南朝宋刘义庆编撰的《世说新语》中，有很多小故事记述了当时士族斗富的场面。例如西晋时，王恺曾与石崇斗富。王恺是晋武帝的外甥，石崇则"百道营生，积财如山"。王恺用紫丝布作屏风，长四十里，石崇就作织锦屏风达五十里长；王恺用花椒粉泥墙壁，石崇就用红色玉石粉泥墙壁。晋武帝曾给王恺一株高二尺多的珊瑚，王恺拿出来给石崇看。石崇用铁如意将这株珊瑚打碎，并让手下人将他的珊瑚拿出来，高三四尺、美丽绝伦的就有六七株，像王恺那样的珊瑚更多了。王恺看到后，不得不认输。

在"斗富"中要向对方陈列出自己的宝物，以显示自己的地位和财富，西方进口的玻璃器是宝物中的一项。《洛阳伽蓝记》："后魏河间王琛最为豪富，常会宗室，陈诸宝器……。其余酒器有水晶碗、玛瑙、琉璃碗、赤玉卮数十枚，作工奇妙，中土所无，皆从西来。"这里清楚地记载了从西方进口的玻璃碗，是北魏王琛为显示其豪富的宝器之一。

魏晋南北朝时视玻璃容器为宝物，可能是由于那时的人们已经充分认识到西方玻璃的艺术价值，特别是其晶莹透明的性质，是其他材料都无法比拟的。这个时期有不少诗文赞扬玻璃器的美丽，其中最著名的是西晋诗人潘尼的《琉璃碗赋》。当时潘尼与朋友们宴饮，主人有琉璃碗，让客人们作赋来赞美琉璃碗，潘尼当场作赋："取琉璃之攸华，昭旷世之良工，纂玄仪以取象，准三辰以定容。光映日曜，圆盛月盈，纤瑕罔丽，飞尘靡停。灼烁方烛，表里相形，凝霜不足方其洁，澄水不能喻其清。刚过金石，劲励琼玉，磨之不磷，涅之不浊。举兹碗以酬宾，荣密座之曲宴，流景炯晃以内澈，清醴瑶琰而外见。"充分地歌颂了玻璃碗做工精良，透明度很强的特性。《世说新语》载："王公与朝士共饮酒，举琉璃碗谓周伯仁曰：'此碗腹殊空，谓之宝器，何邪？'答曰：'此碗英英，诚为清彻，所以为宝耳。'"说明由于玻璃清澈透明，所以被看做是宝器。

由于魏晋南北朝的上层人士视玻璃容器为宝器，文献中有关玻璃器的记载明显增多。《晋书·崔洪传》："汝南王亮常宴公卿，以琉璃钟行酒。"《晋书·王济传》："帝尝幸其宅，供馔甚丰，悉贮琉璃器中。"《世说新语·纰漏篇》："王敦初尚主……既还，婢擎金澡盘盛水，琉璃碗盛澡豆……。"文献中有关玻璃器的记载增多，并不表示当时已有很多的玻璃器，正因为珍贵难得，所以文人骚客要写文章记载下来。最有意思的一首关于玻璃容器的赋是西晋傅咸写的，他讲有人送他一个玻璃卮，小孩偷偷玩弄这个玻璃卮，不小心把它掉进了脏地方，他很珍惜这个玻璃卮，可是又觉得它已经沾上污秽，不能把它继续当成宝贝了。在这首《污卮赋》中他写道："有金商之玮宝，禀乾刚之淳精，叹春晖之定色，越冬水之至清，爰甄陶以成器，逞异域之殊形，猥陷身于丑秽。岂厥美之不惜，与觞勺之长辞，曾瓦匜之不若。"傅咸将玻璃与洁身自好的君子相比，君子若有污点就不成为君子，玻璃器若沾污了，也不成为宝器。

从文献记载也可以看出，魏晋南北朝时期世族大户视为宝器的玻璃，并不是国产的玻璃，而是来自国外的进口玻璃，"斗富"的需求，促进了外国玻璃的进口。

罗马玻璃的继续输入 西晋鱼豢《魏略》记载:"大秦国出赤、白、黑、黄、青、绿、缥、绀、红、紫十种流离。"大秦就是文献中对罗马帝国的称呼。这个关于罗马帝国出产十种颜色玻璃的记载是很确切的。罗马玻璃在汉代已经输入到中国,江苏邗江甘泉2号墓出土的马赛克玻璃钵残片和洛阳东汉墓出土的缠丝玻璃瓶,是罗马玻璃在汉代输入中国的证据。到魏晋南北朝时期,罗马玻璃输入到中国的品种和数量都有所增加。

南京象山7号墓男棺前端出土1件完整的磨花筒形玻璃杯(见图11),口径9.4厘米,高10.4厘米,壁厚0.5~0.7厘米。玻璃杯直桶形,圜底,外壁附着一层白色风化层,玻璃无色透明,泛黄绿色,气泡较少、较小。口缘下及底上磨有椭圆形花瓣纹,腹部有7

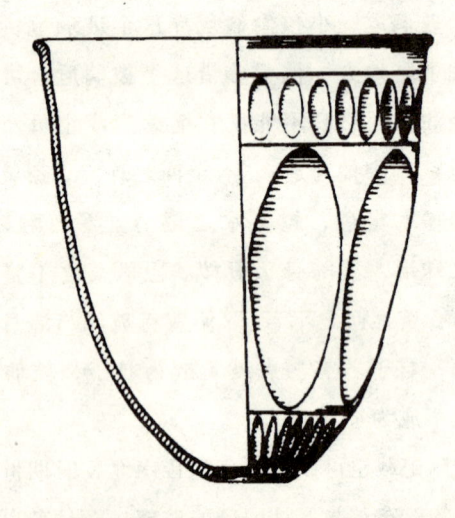

图11 南京象山7号墓出土的罗马磨花玻璃杯

个大椭圆形纹。同墓左侧女棺前端也出土1件玻璃杯，可惜被压碎，从碎片来看，与男棺前端的完整器的器形、质料相似，只是颜色稍深，呈浅黄褐色。

象山7号墓位于东晋门阀豪族琅玡王氏家族墓地内，发掘者推测是东晋初年王廙的墓葬。如果推断无误，这两只玻璃杯的年代可定为322年之前。值得注意的是，南京附近的东晋大墓中多次出土过这种质料很好的磨花玻璃，如南京石门坎六朝早期墓出土的多块玻璃残片，南京大学北园东晋墓出土的玻璃片和南京北郊东晋墓出土的浅黄绿玻璃片。后两处出土的玻璃残片成分相似，主要为硅、钠、钙，钾和镁的含量都比较低。值得重视的是，铁的含量很低，说明原材料经过精选。其中含有微量的锰，采用了二氧化锰作脱色剂和澄清剂。这些都反映了玻璃制造水平之高。这批南京出土的磨花玻璃器的器形、工艺和成分均相似，说明来源可能相同。这种筒形杯不是我国的传统器形，而在罗马玻璃器中却是常见的。这批玻璃器采用磨花技法，这种技法是罗马工匠熟练掌握的。我国出土的早期玻璃器皿中，采用磨花技法的比较少见，南京东晋墓出土的这一批磨花器皿是比较集中的。这种杯子及杯子上的图案和装饰技法没有在我国同期墓葬的其他质料的器物中出现，应当考虑这批玻璃杯是西方进口的。这批玻璃的成分与德国出土的罗马玻璃相似，尤其和科隆的4世纪墓葬中出土的一块淡绿色透明玻璃的残片成分几乎完全相同。那时的莱茵河流域是罗马帝国的第二个玻璃中心。

辽宁北票北燕冯素弗墓（415年）出土5件玻璃器，有鸭形器、碗、杯、钵和1件残器座，都很精美（见图12）。

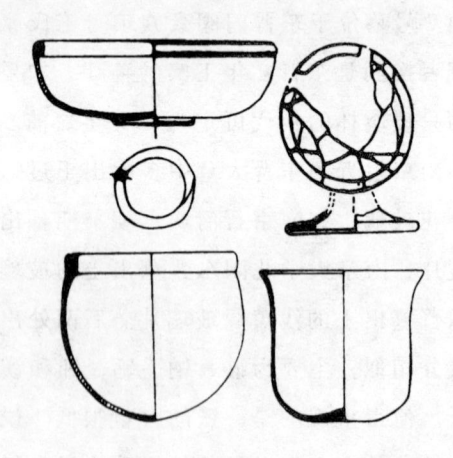

图12 辽宁北票冯素弗墓出土的罗马玻璃器

玻璃鸭形器长20.5厘米，腹径5.2厘米，淡绿色透明，外附白色风化层，部分地方有蓝紫色的虹彩。器为横长身，张扁嘴如鸭，长颈鼓腹，细长尾。颈腹部用玻璃条盘卷作出装饰，颈部为三角纹，背上粘出双翅，腹下粘出折线的双足，腹底粘一个平整的玻璃饼，使圆腹得以放置平稳。

鸭形器是无模吹制形成的。从玻璃炉中挑出玻璃料，经过多道工序，一直到吹成为止，都要求有很高的技术，而吹制这种造型复杂的鸭形器，需要更高的技术。这种动物造型的玻璃器皿在我国仅出土了这一例，国外也比较少见。1~2世纪地中海地区流行一种鸟形玻璃器，与这种鸭形器在造型上有相似之处。

鸭形器的装饰是在玻璃熔炉前完成的。玻璃器成形后，又从炉中挑出玻璃，拉成玻璃条，在玻璃条冷却之前，缠绕在器身上作为装饰，这种装饰手法也是罗马玻璃经常采用的。阿富汗伯格拉姆遗址中发现了一大批2~3世纪的罗马高级玻璃器，其中鱼形器的成形、装饰技法都与这件鸭形器相似。另外罗马时期的莱茵河流域也有相似产品。

碗高4.3厘米，口径13厘米，胎厚0.2厘米，质地光洁明澈，呈淡绿色，有虹彩现象。口微收，向内卷沿，玻璃条缠圈足，底部有疤痕。在加工过程中，把底部先粘在铁棒的顶部，加工完毕后去掉铁棒，底部就留下疤痕。这一般称为顶底铁棒技术。

杯高8.7厘米，口径9.2厘米，深翠绿色，透明，质地纯净，色泽鲜丽，侈口，圆唇，凹底，底部有疤痕。

钵高8.8厘米，口径9.5厘米，淡绿色，透明，质地与透明度略逊于碗。口沿部与碗相似，也是向内卷沿，圜底。因底部残缺较多，看不清是否有疤痕，有虹彩现象。

残器座底径7.4厘米，玻璃的质料、颜色与钵相似，有可能与钵原是同一件器物。

这4件玻璃器皿的工艺相似，都是无模吹制成形，采用了顶底铁棒技术，口沿内卷成环状。这些工艺都是罗马时期常用的玻璃工艺。玻璃的熔制水平较高，尤其是碗和杯，气泡和杂质都很少，透明度好。从器形上看，碗的器形不太典型，国内外都有；杯的器形国内罕见，罗马时期的地中海沿岸常见；如果钵和残器座是同一件器物的话，就是一件高足杯。高足杯是罗马玻璃的常见器形。

冯素弗墓出土的 5 件玻璃器中，只对残破复原的钵作了成分分析，是钠钙玻璃，与罗马玻璃的基本组成相似，只是钾、镁的含量略高。

总之，这 5 件玻璃器皿是罗马玻璃器，它们的具体产地还有待于进一步研究。

河北景县封氏墓群出土 4 只玻璃碗，现存 2 只，一为封魔奴墓中出土，一为祖氏墓中出土。祖氏墓出土的淡绿色波纹碗（见图 13）非常精致，内外壁附着白色风化层，腹部缠贴 3 条波浪纹作为装饰，每条波纹有 10 个波峰，3 条波纹互相衔接形成网目纹。口沿内翻，卷成圆唇，底部缠玻璃条成矮圈足，底部有疤痕。这件玻璃碗的口沿、圈足、缠玻璃条的装饰手法均与冯素弗墓出土的玻璃器相同，不同的是，此件碗的器形更规整，器壁很薄，约 0.2 厘米，内壁很光滑，

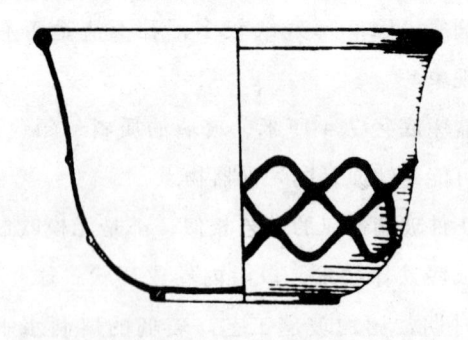

图 13　河北景县封氏墓群祖氏墓出土的罗马波纹玻璃碗

外壁有明显的水平纹理，可能采用的是模吹成形工艺。模吹成形，就是用吹管把料泡吹成适当形状和大小的时候，放入模子里吹制成形，冷却后自模子中取出。因此模吹的器皿比无模自由吹制的器皿更为规整。地中海地区玻璃模吹的历史很悠久，公元前1世纪，吹制技术刚刚发明，就采用了这种模吹技术。

这件玻璃碗经 X-荧光定性分析，是普通的钠钙玻璃，与罗马玻璃的一般组成相符。

装饰技法与祖氏墓波纹碗相似的玻璃器，国外发现较多。黑海北岸5世纪的罗马遗址出土过许多波纹、网纹玻璃残片，南俄还出土过一件完整的波纹高足杯，其制造工艺和装饰技法与祖氏墓的波纹碗相似。另外朝鲜半岛庆州的瑞凤冢及皇南洞98号古坟（三国时代新罗，5~6世纪），也出土了做法相似的波纹玻璃杯。我国和朝鲜半岛出土的这些玻璃器皿，可能都来源于罗马时期的黑海北岸。

封魔奴墓出土的玻璃碗已残破，经复原为绿色透明，直口圆唇，腹部有一道细阳弦纹，矮圈足，底部有疤痕。全器风化较厉害，风化层呈金黄色，风化层剥落处的表面凹凸不平，有虹彩现象，玻璃的气泡较多。

这件碗是无模自由吹制成形的，圈足及腹部的弦纹都是缠绕热玻璃条而成，与冯素弗墓出土的淡绿色玻璃碗的制作工艺相似，不同的是此件碗的口沿没有内卷，而是将口沿火烧成圆唇。经 X-荧光分析，其主要成分与祖氏墓波纹碗相似，不同的是此碗中含有较高的锡。朝鲜半岛的庆州瑞凤冢除了出土一件波纹杯外，还出土了两件蓝玻璃碗，器形与封魔奴墓出土的碗非常相似，只是颜色不同。瑞凤冢的蓝玻璃碗最近也作了 X-荧光分析，从分析结果来看，属于一般的钠钙玻璃，值得注意的是，也含有一定量的锡。封魔奴墓与瑞凤冢出土的玻璃碗器形和成分上的相似，说明它们的来源相同，可能是罗马玻璃。

从我国出土的罗马玻璃器上，可以看出罗马玻璃的发展概况。公元前1世纪中叶至公元1世纪，是罗马玻璃的早期。那时的罗马玻璃仍然是一种贵族阶层享用的奢侈品。玻璃吹制法虽然已经发明，而且被越来越广泛地采用，但这个时期的大多数玻璃器仍然是用铸造型压法。彩色不透明或半透明的玻璃占统治地位。我国东汉墓出土的马赛克玻璃和吹制缠丝瓶都是早期罗马玻璃的精品。

2世纪和3世纪是罗马玻璃的中期。这个时期的玻璃数量骤增，玻璃器不再仅是奢侈品，已经开始成为普通人可以使用的日常用品。玻璃器一般都采用吹制成形法，玻璃的透明度增高了，装饰手法也多种多样。我国出土的玻璃器中比较缺乏这个时期的产品。

4世纪和5世纪是罗马玻璃的晚期。罗马帝国这个时期的政治不稳定、各行省割据的状态也反映到玻璃生产上。行省之间的产品差异越来越明显。我国魏晋南北朝时期出土的罗马玻璃多属于罗马晚期偏东部行省的产品。

萨珊玻璃的进口 魏晋南北朝时期进口到我国的玻璃器有相当一部分来自伊朗高原。伊朗高原的玻璃制造业历史悠久，公元前 1000 年前后，在两河流域的影响下，这里就开始生产玻璃珠饰等。公元 1 世纪开始生产吹制玻璃器皿。3～7 世纪是伊朗高原玻璃业最为兴旺发达的时期，除了生产大量玻璃珠饰、纺轮外，还制造精美的高级玻璃器皿，供上层社会享用和出口。由于这个时期主要是萨珊王朝时期，一般将它们简称为萨珊玻璃。萨珊玻璃器皿造型古朴，喜欢用连续的圆形作为装饰，与萨珊时期流行的联珠纹相一致。萨珊玻璃工艺继承了罗马玻璃工艺的特点，特别是发展了冷加工的磨琢工艺，在玻璃碗上磨琢出凹球面或突起的凹球面，形成一个个小凹透镜。透过碗前壁的凹球面装饰，可以看到后壁的数十个小圆形装饰，充分表现出玻璃的美丽风采。

萨珊玻璃的发现及研究虽然较晚，但在世界玻璃史上却占有重要地位。它填补了罗马玻璃衰落之后、伊斯兰玻璃兴起之前玻璃制造史上的空缺。萨珊玻璃在世界玻璃中心由西向东转移的过程中是重要的过渡站，在继承和发展玻璃工艺上起到了承前启后的作用。

北京西晋华芳墓由北京市文物工作队在 1965 年发掘，墓中出土的西晋骨尺等是人们非常重视的，而对同墓出土的玻璃残片却没有进行必要的研究。原报告报导："料盘一件，残碎不全，观其口沿和底足，是盘形器，足作乳头状，从两足间距及弦度推测，该盘应有八足，盘口径为 10.4 厘米，盘壁极薄，断面呈绿色。"这件玻璃器的真实面貌是近年才被人们认识的。中国社会科学院考古研究所技术室的丁六龙工程师仔细拼对了该墓的玻璃残片，成功地复原了这件玻璃碗（见图14）。这件碗圜底，球腹，颈部微收，侈口。高7.2厘米，口径10.7厘米。腹部有10个椭圆形乳钉作为装饰，乳钉列为一排，不很规整，一般高出碗外壁5毫米，长径10~15毫米，短径5~11毫米，其中8个乳钉的长径平行于口沿，另外2个乳钉的长径垂直于口沿。底部有7对突起的刺排成椭圆形，刺高2毫米，这些刺既是装饰，又是足，能使圜底得以放稳。

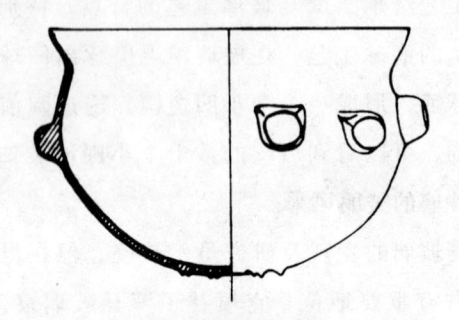

图14 北京西晋华芳墓出土的
萨珊乳突玻璃碗

这件玻璃碗为淡绿色，透明，内含较多的大小不一的气泡和条纹。由于气泡多，玻璃的透明程度不太好。内外壁风化情况不明显，有轻度的虹彩现象。碗壁较薄，厚度仅1~2毫米，口沿部分特别薄。腹部乳钉有明显的水平条纹，与器身玻璃的条纹不一致。根据这些情况，可以推测，这件玻璃碗是无模自由吹制成形，底部的对刺是成形后在炉边趁热用小钳子夹挑出来的，腹部的乳钉是用烧软的玻璃条趁热粘贴上去的。

中国社会科学院考古研究所化验室和建筑材料设计院分别对这件碗的残片进行了化学定量分析，其成分与伊朗高原的产品相似。

日本东京大学伊拉克伊朗遗迹调查团在伊朗高原的发掘中，发现过这种乳突装饰碗。一般是无模吹制成形的薄壁碗，侈口，颈微收，圜底，腹部和底部有乳状突起装饰，类似贝壳表面。例如哈桑尼·马哈拉（Hassani Mahale）7号墓出土一件完整的突起装饰玻璃碗，腹部最大腹径处有9个类矩形乳钉，下腹部有10个细长的龙骨突起，底部有10个小乳突围成一圈，代替圈足。这种装饰是在玻璃炉前趁热粘贴或钳夹出来的。

这种乳突玻璃碗在伊朗高原流行的时间很长，从1世纪到5世纪的墓葬都有出土，帕提亚王朝晚期最为流行。

北京的这座墓的墓主人华芳是西晋幽州都督王浚的夫人，葬于永嘉元年（307年）。当时的幽州统管着河北北部和辽宁，华芳作为幽州都督的夫人，属于当时的权贵，在她的墓葬里出土伊朗高原的玻璃是不足为奇的。

湖北鄂城五里墩121号墓出土一件磨花玻璃碗，根据该墓葬的形制和共出器物，被推断为西晋墓。玻璃残片无色透明，稍泛黄绿色，透明度好，有小气泡。考古所技术室将残片复原，是圜底玻璃碗（见图15），高9.5厘米，口径10.4厘米，腹径11.5厘米，球腹，圜底，口沿外翻成侈口，平唇。腹部有4排磨花，磨花为椭圆形稍内凹的小平面,靠近底部的一排为 8 个磨花,底部也有一圆形内凹的磨花。口沿下有两条细阴弦纹,第一、二排磨花之间也有一条较宽的阴弦纹。

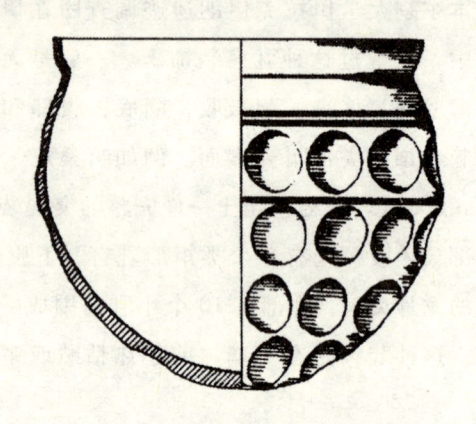

图 15　湖北鄂城五里墩 121 号墓出土的萨珊磨花玻璃碗

这种器形的玻璃碗在我国只出土了几件,可是在伊朗高原吉兰州的 3~7 世纪的墓葬中却出土了一大批。另外日本橿原千冢 126 号墓(4 世纪末)也出土了一只磨花碗,其器形、工艺、装饰法与鄂城玻璃碗完全一样,不同的是鄂城西晋墓的碗口沿被磨平,而千冢 126 号墓的碗口沿经火烧成圆唇。这种玻璃碗按壁的厚薄分为两型,鄂城碗和千冢 126 号墓碗都属于薄壁型,是无模自由吹制成形的。对于这种圆形磨饰的玻璃碗,日本学者已作了详尽的研究,认为是伊朗高原吉兰州 3~7 世纪的产品,并得到世界学术界的公认。鄂城西晋磨花碗的残片经化学分析,其成分与日本橿原千冢 126 号墓的磨花碗的成分几乎完全一致。

千冢的碗与东京大学伊朗伊拉克遗迹调查团在伊朗高原采集的同类型碗的残片原子吸收法比较成分，结果是相近的，进一步证明这种类型的玻璃碗是萨珊玻璃。

鄂城121号墓是西晋墓葬，其年代不会晚于4世纪初，因此这件玻璃碗是最早输入东方的萨珊玻璃之一。

江苏句容春城的一座刘宋时期的墓葬出土一件磨花玻璃碗，该墓纪年为元嘉十六年（439年）。这件碗的器形为侈口，颈微收，球腹，圜底，口径8.5厘米，腹径9.1厘米，高6.3厘米。腹部有6排小凹球面作装饰，由于6排小凹球面有规律地相互错叠，所以从正面看不是成排的连珠纹，而是由小六边形构成的龟甲纹。碗的底部也有一个外缘呈五边形的凹球面。这件玻璃碗无色透明，几乎不含任何色调，内含气泡少而小，像水晶一样洁净晶莹，说明玻璃原料经过精选，熔制温度比较高，碗壁较薄，器形规整，可能是有模吹制法成形的。碗腹部和底部的纹饰都是采用冷加工工艺磨琢抛光而成的。

这件玻璃碗的器形与湖北鄂城五里墩121号出土的玻璃碗一样，腹部的纹饰与日本奈良正仓院收藏的白琉璃碗一样，小凹球面互相错叠，构成六边形的龟甲纹，都是伊朗高原萨珊王朝的产品。

玻璃是易碎材料，古代玻璃更是娇脆。正是由于玻璃的脆性，历史上的许多玻璃珍品没能保存下来。我国出土的完整的玻璃器皿大多保存在石棺和石函中，句容的碗在木质棺椁中居然完好地保存下来，真是奇迹。一般来说，玻璃的化学稳定性比较好，但在潮湿的环境里，尤其是在碱性土壤中，天长日久，玻璃里的硅酸钠就会水解、析出。因此，出土的古代玻璃表面往往受到严重的侵蚀而凹凸不平，出现虹彩现象，或附着厚厚的风化层。句容玻璃碗的外表在多年化学侵蚀的影响下仅稍稍发乌，没有附着风化层，也没有明显的虹彩现象，这可能是由于1500年来，它一直浸泡在酸性水中的原因。伊朗高原出土的100多件类似玻璃容器，大多失去了当年的光泽，无法与句容春城出土的这件玻璃碗媲美。因此，这件玻璃碗可以说是世界现存的最精美的萨珊玻璃器之一。

山西大同北魏时期的墓葬中出土一件萨珊玻璃碗，器形也是圜底球腹，颈微收，侈口。与句容玻璃碗相似，腹部和底部也都有磨饰。图案稍有变化，腹部共4排磨饰，上部3排磨饰为纵椭圆形凹球面磨饰，最下一排为6个圆形凹球面磨饰。玻璃为无色透明，稍泛黄色，内含气泡很少，是质量很高的萨珊玻璃。保存状况也相当好。山西大同是北魏前期的首都代的所在地，在大同北魏时期的贵族墓葬中出土萨珊玻璃也是不足为奇的。

斯坦因20世纪初在新疆楼兰L.K遗址的一座5~6世纪墓葬中盗掘了一件玻璃碗。据他在《亚洲腹地》一书中记载，这件玻璃碗浅绿色，透明，平底，侈口，腹部有3排圆形纹饰，圆形面呈凹球面，靠近底部的一排圆饰为7个。碗高5.6厘米，口径6.7厘米，底径2.3厘米。报告中未记碗壁厚度，无法推测是无模吹制成形还是有模吹制成形，不过它腹部的圆形凹球面纹饰，是冷加工磨琢而成。

除了这件玻璃碗外，斯坦因在新疆还采集了几片带有圆形磨饰的玻璃残片。新中国成立后新疆博物馆和考古所也多次采集到类似磨饰的玻璃残片。

新疆博物馆在巴楚脱库孜萨来遗址的佛寺中采集到两块突纹玻璃残片。根据佛寺的残佛头像，判断该遗址的年代为4～5世纪。较大的一块玻璃残片长约6厘米，宽约4厘米，厚约4～5毫米，是一件玻璃容器的腹部残片。上面有两个突起的圆形装饰，其中一个直径约为3.5厘米，圆饰面呈凹球面；另一个突起圆形装饰较小，直径约0.7厘米，圆饰面不内凹，圆饰面高出器壁约3毫米。较小的一块玻璃残片长约4厘米，宽约3厘米，与较大的玻璃残片同属于一件容器腹部，上面也有两个突起的圆形装饰，都是小圆装饰，直径为6～7毫米。

1983年秋，宁夏回族自治区博物馆和固原县文物工作站在固原县发掘了北周李贤夫妇墓，出土了一些珍贵文物，其中包括一件完整的玻璃碗（见图16）。其口径9.5厘米，高8厘米，腹深6.8厘米，下腹最大径9.8厘米。碗外壁装饰两圈突起的圆圈图案，上圈8个，下圈6个，上下错位，从一处可透视对面3个以上同样突起的圆圈图案。玻璃为淡黄色，内含气泡。气泡都很小，直径一般不超过0.5毫米，分布均匀。不见明显的条纹、结石，透明度好。碗内壁光洁无锈，外壁有风化层，主要分布在下腹部和底部，风化层呈金黄色。口沿有水平磨痕。碗壁厚约 4 毫米,突起纹饰最厚处为 7 毫米。腹部突起的圆形纹饰不很规整,有的呈长椭圆,有的呈扁椭圆,一般长径 27~29 毫米,短径 25~26 毫米。圆饰面呈凹球面,貌似吸盘。圆饰基本成排,略略错落不齐,圆饰之间的距离也不完全一致。底部的圈足也是由一个长径 31 毫米、短径 31 毫米的突起凹球面构成。玻璃碗重 245.6 克,比重 2.46 克/厘米^3,经 X-荧光法无损检测,不含铅、钡。从比重和 X-荧光检测结果来看,这件玻璃碗是钠钙玻璃。

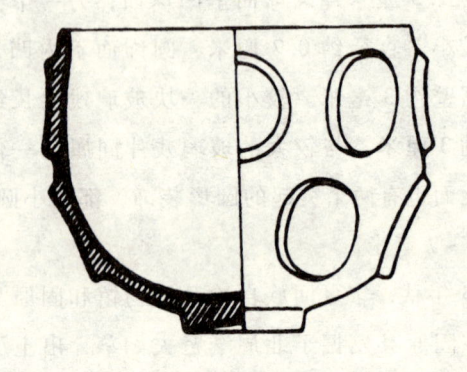

图 16 宁夏固原北周李贤墓出土的萨珊玻璃碗

这件玻璃碗的颜色较浅,透明程度好,气泡小,反映了玻璃的原料比较纯净,含铁量少,熔制温度较高。碗腹部的突起圆形纹饰与碗壁浑然一体,说明纹饰不是成形后补加上去的,而是一次成形。碗内壁光洁无锈,无打磨抛光痕迹,外壁磨痕明显,方向多是水平和垂直的,碗壁厚薄不匀,暗示了这件碗是吹制成形的厚壁碗，外壁经磨琢变薄，留下两排圆形纹饰和底部形成突起的效果，圆形纹饰的面又被磨琢成凹球面。磨琢后的玻璃碗通体经过抛光，但有些部位不易被抛光，磨痕仍清晰可见。这种厚壁的玻璃碗很可能是有模吹制成形的。

李贤墓出土的这件玻璃碗原料纯净，熔制水平较高，采用了冷加工的磨琢工艺，纹饰独特，是古代玻璃的精品。这种类型的完整玻璃碗在我国是首次发现，为我国的古玻璃研究提供了宝贵的资料。

玻璃吹制法在中国的采用

与进口的罗马玻璃和萨珊玻璃相比，魏晋南北朝时期的国产玻璃器发现的很少，仅发掘出土过一些单色玻璃珠饰。到北魏时期，出现了一批采用吹制法成形的玻璃容器。这一新的玻璃成形工艺的采用，与东西文化技术交流的大环境是分不开的。

北魏定县塔基出土的吹制玻璃容器 河北定县北魏塔基石函（481年）出土了7件玻璃器皿（见图17）。从这一批器皿的玻璃质量与制作工艺来看，可能属于同一个来源，其中制作工艺水平最高的玻璃钵为天青色，透明，气泡较多，表面附白色风化层。敛口圆唇，鼓腹，圈底。钵高7.9厘米，口径13.4厘米，腹径14.7厘米，器壁最薄处0.2厘米，底部最厚处0.5厘米，口边厚0.3厘米。

两件玻璃瓶，一件高4.3厘米，腹径4.9厘米，

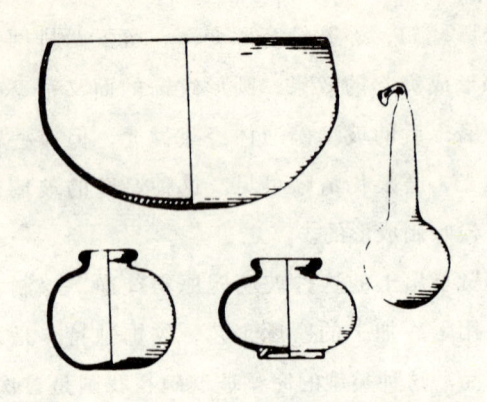

图 17　河北定县北魏塔基出土的吹制玻璃器

壁厚0.1厘米；另一件高3.4厘米，腹径4.8厘米，都是天青色，透明，器壁特别薄，约0.1厘米，有密聚的气泡，器壁附白色风化层。小口圆唇，短颈，鼓腹圜底，其中一个有圈足。葫芦形小玻璃瓶3件，为浅蓝色，透明，腹作球形，上有长颈，颈口捏弯成短勾状。葫芦瓶高5.3厘米，下部球径2.1厘米。残器一件，底径4.8厘米，壁厚0.1厘米，天青色，透明，气泡多，平底，器壁内敛，可能是盂类。

这几件玻璃器都采用了无模自由吹制成型，钵的口沿采用了烧口技术，瓶子的口沿似内卷成圆唇，缠贴玻璃条为圈足，这些玻璃技术都是罗马、萨珊的传统技术，我国北魏以前出土的玻璃器从未采用过这些技术，但北魏以后却一直沿用了下去。从器形上看，钵、瓶和葫芦瓶都是我国传统器形。这几件器物虽采用了西亚的玻璃工艺，但掌握得并不纯熟，7件器物中6件是小型器，器形简单，也不很规整，玻璃含密聚的气泡，与西亚的玻璃产品有较大差距。

　　北魏定县塔基出土的这 7 件玻璃容器与汉代玻璃容器的不同之处在于成形工艺的不同。汉代玻璃容器都是采用模型铸造成形的方法，这是一般金属的成形方法。北魏定县塔基的玻璃容器采用的是玻璃吹制成形法。玻璃吹制法是充分利用液态玻璃的可塑性和液态玻璃在温度下降时逐渐变硬直至固态的特殊性质的一种独特的成形方法。在玻璃吹制成形法发明前，任何材料都没有采用过这种方式，因此它是玻璃业的独立发明。

　　玻璃吹制成形的基本步骤：一是玻璃匠将金属吹管的一头送进玻璃坩埚，沾上一团液态玻璃。二是将这团玻璃料在铁板工作台上滚匀。三是匠人在金属吹管的另一头吹气，玻璃料会像气球一样膨胀起来，在吹气的过程中，匠人要左右上下的摇摆金属管，使玻璃泡均匀扩大。四是用另一根金属棒粘贴在玻璃泡的底部，用剪刀将玻璃泡从吹管上剪下来。五是手握粘住玻璃泡底部的铁棒，对玻璃器的口沿、底部作进一步的加工。六是将已做好玻璃器脱离金属棒。

　　这是无模吹制法，还有一种有模吹制法，即把玻璃料吹成小泡后，放入模子里继续吹大，等玻璃稍冷后，脱离模子，剪断与吹管的联系。

　　和许多重要发明一样，关于玻璃吹制法的发明也没有任何文献记载。根据近年来的考古发掘，吹制玻璃最早出现在公元前 1 世纪中叶的地中海东岸。

　　除了玻璃本身的发明，玻璃制造史中最有意义的发明就是玻璃吹制法。这项先进技术使玻璃业发生了革命,先前一直罕见而昂贵的玻璃器逐渐变成了地中海地区的常见物品。玻璃吹制法的采用,简化了生产过程,降低了成本,使玻璃制品进入一般市场。玻璃吹制法制成的容器,器壁很薄,清澈透明,特别适于贮藏和展示物品,因此玻璃容器,特别是吹制玻璃容器,取代了几千年来一直使用的一些陶器类型。公元前30年,罗马帝国征服了地中海沿岸,并开始了一段和平时期。这个时期为玻璃技术,特别是吹制玻璃技术的广泛传播,提供了最有利的机会。罗马玻璃在世界玻璃史上的重要地位,就在于它的两项重要贡献:玻璃吹制法的发明和玻璃制造业的广泛传播。

中国北魏时期的玻璃容器采用了吹制成形法,可以看做是罗马玻璃技术向东传播的结果。

中亚人在大同制造玻璃的记载 《北史·大月氏传》中的一段记载非常引人注目:"(魏)太武时,其国(月氏)人商贩京师,自云能铸石为五色琉璃。于是采矿于山中,即京师铸之,既成,光泽乃美于西方来者。乃诏为行殿,容百余人,光色映彻,观者见之,莫不惊骇,以为神明所作。自此,国中琉璃遂贱,人不复珍之。"

关于这一段记载,有不同的理解。有的人认为是指中亚的月氏人到北魏首都代(现在的大同市),制造带釉的砖瓦,即琉璃砖瓦,因为魏世祖"诏为行殿",应是一种建筑材料。笔者认为这里所说的琉璃,应是玻璃器物。理由如下:其一,琉璃一词在汉代还不能明确是专门指玻璃的术语,但在《北史》成书之前的魏晋南北朝时期,已经可以确定是表示玻璃这一材料的专门用语(见本章第一节有关文献)。其二,这段记载中的"铸石为五色琉璃",用了"铸"字,熔制玻璃与冶炼金属一样,可用"铸"字,但制造釉器或玻璃砖瓦,则不能用"铸",只能用"烧造"一词。其三,这段文献提到,月氏人在大同制造琉璃,"即成,其光泽乃美于西方来者"。说明月氏人制造的琉璃赛过从西方进口的琉璃。本章已介绍魏晋南北朝时期是进口玻璃的时期,相当数量的罗马玻璃、萨珊玻璃都已经发掘出土。西亚的上釉砖瓦虽然有相当长的历史,但中国还没有发现西亚上釉的砖瓦,因此该文献中的琉璃应该是指玻璃。其四,釉器在中国出现得很早,汉代的绿釉器已经相当普遍。釉器与琉璃砖瓦没有质的不同,都是外表上釉的陶器,只是一般将上釉的陶容器或动物称为釉器,而将上釉的陶质砖瓦,称为琉璃砖瓦。从汉代的绿釉器发展到后来的上釉的砖瓦,可以看做是自然的发展,不会产生"观者见之,莫不惊骇,以为神明所作"那么轰动的效应。其五,"诏为行殿,容百余人",可以理解为用琉璃做殿,也可以理解为,魏世祖诏令建一座宫殿,贮藏月氏人做的玻璃器,并邀请100多人来观看。综上,《北史》所记月氏人在大同所造"光色映彻"的琉璃应是指透明度很高的玻璃。

  河北定县北魏塔基出土的玻璃器,与汉代的仿玉玻璃不仅工艺不同,而且外观上很不相同,定县北魏塔基的玻璃表现的是晶莹透明之美。中国玻璃制品的工艺和外观发生这样大的变化，只能解释为受到新的技术和观念的刺激。河北定县北魏塔基出土的玻璃器皿与大同生产的玻璃有没有关系呢？从年代上看是有可能的，塔基的年代晚于太武年间；从塔基下出土物来看，除了玻璃器之外，还有罗马金币、萨珊银币和金银器，这些都是罕见的珍宝。夏鼐先生对其中的萨珊银币进行过专门研究，他认为："这些建塔时的施舍品，有一部分很可能便是皇室贮藏库（御府）中拨调出来的。"所以有理由认为：月氏人在大同为北魏宫廷生产的玻璃器，有一部分很可能作为"施舍品"而埋在定县塔基石函中。值得注意的是，这批玻璃器皿的工艺与汉代玻璃盘和耳杯大不相同，采用了吹制的成形工艺。虽然吹制玻璃技术早在公元前1世纪就在地中海沿岸出现，吹制玻璃容器在2世纪就进口到我国，但古代技术的传播往往比商品的流通要慢得多，技术的传播常与工匠的迁移有密切关系，我国采用吹制玻璃技术也许与外来工匠有关。如果《北史》中的记载与北魏塔基出土的玻璃器皿之间确有联系，那么可以得出下述结论：5世纪时中亚的工匠将吹制玻璃技术传到中国。这是中国玻璃史上的一个重要转折。北魏以后的玻璃器皿，绝大多数都采用了吹制技术。

五　玻璃制造的中兴

581年，隋朝建立。589年隋灭陈，结束了300多年的南北分裂局面。继之而起的唐朝，国家统一，政治、经济、文化繁荣，为手工业的发展提供了条件。在长期分裂战乱中衰败了的中国玻璃制造业，这时出现了新的转机，生产出一批相当精美的玻璃器，标志着中国玻璃制造业的中兴。隋唐时期的玻璃成分与汉代铅钡玻璃不同，主要采用高铅玻璃和钠钙玻璃两种不同的配方。佛教的舍利瘗埋，在唐代已经形成一整套中国化的制度。在舍利瘗埋制度中，选用玻璃瓶作为盛放舍利的最内层容器，也促进了中国玻璃业的发展。此时西亚的晚期萨珊玻璃和早期伊斯兰玻璃仍不间断地通过丝绸之路输入我国，受到上层社会的欢迎。

1　玻璃制造的新阶段

隋唐时期的贵族墓葬中出土了一批相当精美的玻璃器，反映出中国玻璃业的工艺水平之高超。隋唐玻璃与汉代仿玉玻璃不同，器形多受当时流行的瓷器的影响，但注意表现玻璃晶莹透明的质感效果。

魏晋南北朝的贵族墓葬中出土了许多外国进口的玻璃容器，但还没有发现国产的玻璃容器，只有一些玻璃珠饰可能是中国制造的。这种情况到隋代发生了变化，贵族墓的随葬品中玻璃器增多了。

西安隋李静训墓玻璃器　李静训死于608年，年仅9岁。其母是隋文帝长女，因此她是典型的隋代贵族少女。她的石棺雕成精致的九脊殿堂形式，牢固的石棺完整地保存下了随葬的8件玻璃器和一些玻璃珠。根据玻璃的质料及制作工艺，这8件器物可分两部分，绿玻璃盒、蛋形和管状器属于同一类型。

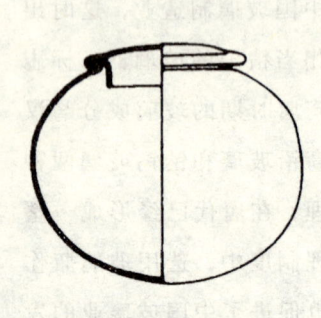

图18　西安隋李静训墓出土的绿玻璃盒

绿玻璃盒1件（见图18），高4.5厘米，口径3厘米，腹径5.2厘米，厚0.3厘米；盖高0.5厘米，径3厘米，厚0.2厘米。绿色透明，稍泛草绿，透明度好，内外壁基本光洁无锈。小圆口，圜底，口上有圆形盖，器口部有磨平痕迹。

蛋形器2件，一件长径6.3厘米，短径4.7厘米，厚0.1厘米；另一件长径5.1厘米，短径3.8厘米，厚0.1厘米。绿色透明，与玻璃盒的颜色质料基本一致。两蛋形器形状相同，仅大小各异，中空，较大一端有一孔。大者绕洞孔处有涂金痕迹，小者无涂金，孔亦较细。

管形器 1 件，中穿通孔，一端孔径较小，中心处孔径较大，两端有磨平条痕。玻璃为草绿色，质料与绿玻璃盒基本一致。长 10.9 厘米，径 0.9 厘米，壁厚 0.1 厘米，大端孔径 0.7 厘米，小端孔径 0.55 厘米。

这 4 件器物都是无模自由吹制成形，器物底部没有疤痕，说明加工时并没有采用顶底铁棒技术。盒与管形器都采用了冷磨技术，但未经抛光，磨痕清晰可见。

绿玻璃盒是典型的中国器形，隋代墓葬中多次出土这种器形的瓷盒。李静训墓中也出土了一件器形、大小与之十分相似的白瓷盒，只是白瓷盒的盖上多了一个宝珠形的钮。报告中记此墓还出土了玻璃小珠 5 颗，绿色，作宝珠形，下面已断，可能为其他器物之钮饰。会不会其中的一个宝珠形钮就是该玻璃盒盖上的钮呢？如果是的话，此玻璃盒与白瓷盒的器形就完全吻合了。

蛋形器的器形非常特殊，国外没有同类型的出土物，我国东汉墓葬中曾出土了漆蛋形器，北宋密县塔基下也出土了几个玻璃蛋形器，因此这种蛋形器应是我国的传统器形。这种蛋形器的用途不好推测，从器形上看，没有什么实用价值。

李静训墓的管形器较长，内外径较细，很像一支笔杆。日本奈良龟田御坊山 3 号墓中也出土了一件很相似的玻璃管形器，由于与三彩砚一起出土，证实了这种管形器就是玻璃笔杆。西晋陆云文中的"琉璃笔"，北周庾信诗中的"琉璃彤管"可能就是指用这种玻璃笔杆装配成的笔。

玻璃盒及盒盖经 X-荧光分析，成分相同，都是铅玻璃。李静训墓的玻璃瓶和小杯属于另一种类型。

蓝色小杯 1 件，浅蓝色，透明，外附淡蓝色不透明风化层，虹彩现象明显，风化层易剥落。吹制成形，直口，圆唇，后附圈足，底部有疤痕。高 2.5 厘米，口径 2.8 厘米，腹径 2.7 厘米，底径 1.3 厘米，厚 0.2 厘米。

绿色小杯 1 件，浅绿色，透明，外附白色风化层，风化层致密，不易剥落，器形制作工艺与上述蓝色小杯完全相似。高 2.4 厘米，口径 2.8 厘米，底径 1.3 厘米，厚 0.2 厘米。

无颈瓶 1 件（见图 19），深绿色，质料很粗，多气泡和杂质，透明度不好，厚壁，口沿以玻璃条缠绕成圆唇，平底，底部有一明显凹痕，应是采用顶底铁棒技术留下的疤痕。高 16.3 厘米，口径 2.8 厘米，腹径

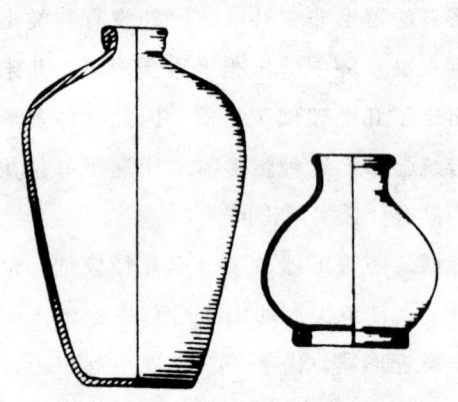

图 19　西安隋李静训墓出土的玻璃无颈瓶和扁瓶

9.8厘米,底径5.6厘米。

绿扁瓶1件,绿色透明,玻璃质料较好,气泡和结石都很少,制作工艺精细,吹制成型,玻璃条缠圈足和口沿,器底有疤痕。高12.5厘米,口径4.5厘米,足高0.9厘米。

这4件器皿的制作工艺相似,都是无模吹制,底部有疤痕,说明加工时曾采用顶底铁棒技术。两件玻璃小杯及无颈瓶经X-荧光分析,为钠钙玻璃。

钠钙玻璃和铁棒技术是西方玻璃的一般工艺特点,隋代以前的国产玻璃器皿没有发现采用过这两项工艺,但是我们并不能仅根据这两点来区分进口玻璃和国产玻璃。随着我国玻璃制造业的发展,有可能采用或引进新技术,尤其在东西文化交流频繁的隋唐,从西方引进新技术的可能性就更大。因此我们必须认真分析玻璃器的器形,并从整个工艺水平上考虑该器物的产地。

李静训墓玻璃小杯的出土并不是孤立的,隋代姬威墓就出土了两件器形、大小相似的玻璃小杯。隋代墓葬中还经常出土相似器形的瓷杯,李静训墓中同时还出土了与两件玻璃小杯相似器形的镶金白玉杯,与此相反,国外却没有出土过相似器形的玻璃杯。更值得注意的是,玻璃小杯的尺寸之小(高2.4厘米,口径2.8厘米),也是国外玻璃器皿中罕见的。国外玻璃器皿多是酒具、食具等实用器物,器物较大,一般碗、杯的口径都在10厘米以上。在烈性酒发明之前,这样小的杯子是没有什么实用价值的,只可能是观赏品。

纵观我国宋代以前的国产玻璃器皿，大多是小巧的艺术观赏品，很少有实用器。所以从玻璃小杯出土的数量、器形及尺寸大小来看，这两件钠钙玻璃小杯很可能不是进口品，而是国产品。

无颈瓶的器形在国内外的玻璃器皿中都没有发现过。但这种器形与隋代之前所流行的陶罐却有许多相似之处，只是口更小了；而且我们还可以在宋元流行的瓷梅瓶的器形上找到不少与之相似的地方。这3种不同质地的器物的器形之间虽然有某些差异，但仍可以看出一定的渊源关系。这件无颈瓶质料较粗，含较多的气泡和杂质，颜色较深，表明原料中铁的含量高，没有经过精选，比一般进口的钠钙玻璃质量要差。无颈瓶采用了顶底铁棒技术，但底部铁棒疤痕深凹，反映技术还不熟练。所以无论是从器形，还是从工艺水平来看，这件无颈瓶都和国外同类产品有较大的差别，应归入国产品。

李静训墓出土的玻璃器皿中，绿扁瓶的质地和工艺水平已接近西亚玻璃，但国外却没有出土过相似者。扁瓶的器形比较特殊，它使我们想起隋代前后中国流行的双耳瓷扁壶，最著名的是安阳北齐范粹墓出土的黄瓷扁壶，李静训墓中也出土了一件白瓷双耳扁壶。我国在五六世纪流行的这种双耳扁壶无疑是受伊朗高原1~3世纪的釉陶双耳扁壶的影响，但7世纪初西亚早就不流行这种扁壶了，所以玻璃扁瓶的出现很可能是受当时国内流行的瓷扁壶的影响，在国内生产的。

这4件器皿虽然采用了西亚玻璃的成分和一些工

艺，但国外没有发现相似器形的产品，而国内可以找到相似器形的器物。玻璃的质量不稳定，有高有低，反映了熔制钠钙玻璃的技术并不纯熟，器皿底部的疤痕也反映了顶底铁棒技术的使用时间尚短。在这种情况下，应该考虑这批玻璃器皿是我国生产的。钠钙玻璃和顶底铁棒技术是我国从西亚引进的新技术，这两项技术在唐宋国产玻璃器皿中还可以见到。

西安隋吕武墓玻璃高柄杯　吕武官拜隋代大都督、左亲卫车骑将军，死于开皇十二年（592年）。他的墓中出土的一件玻璃高柄杯为绿色半透明，含有较多气泡。杯为侈口深腹，下有喇叭形足，器形不甚规整。总高6.1厘米，口径4.8厘米。该高足杯的成形工艺比较复杂，要分别吹两个大小不等的料泡，并趁热把两个料泡粘在一起，之后大料泡剪口，整形成杯子，小料泡整形成喇叭足。

这件玻璃杯的器形不是典型的中国器形，有西亚银器的风格。隋李静训墓出土的银高足杯，是从西亚或中亚输入的舶来品，吕武墓的玻璃高足杯的器形与之相似。但吕武墓玻璃高足杯的气泡较多，器形也不规整，工艺水平不够成熟，很可能是中国匠人的作品。该杯的玻璃残片经过化学分析，为高铅玻璃，氧化铅的含量高达58.64%。

广西钦州隋墓玻璃高柄杯　1977年钦州县久隆第1号隋唐墓出土一件玻璃高柄杯（见图20）。玻璃为绿色半透明，杯口微内敛，深腹，把柄竹节形，足喇叭形。高8.5厘米，口径6.3厘米，足径3.2厘米。经过能谱分析,氧化铅含量高达62.1%。

钦州隋墓高柄杯与吕武墓高柄杯的器形相似,但柄足的做法不一样。钦州隋墓高柄杯的足是实心的。

西安隋姬威墓玻璃器 隋代姬威墓是20世纪50年代在西安郭家滩发现,根据墓志,姬威死于大业六年(610年)。姬威墓中发现有不少玻璃器,但全部都被打碎,能够复原的只有3件。一件为玻璃小罐,质坚胎薄,呈嫩绿色,半透明,高6厘米,口径3厘米。另外两件是玻璃小杯,器形与李静训墓的玻璃小杯很相似,也是嫩绿色,半透明,一件高3厘米,口径3.8厘米,另一件高2.5厘米,口径3厘米。

陕西三原唐李寿墓玻璃小瓶 李寿是唐高祖李渊的堂弟,死于贞观四年,葬于贞观五年(631年)。李寿墓出土的玻璃残片,原简报报导:"玻璃瓶(残),一为淡黄色。一为翠绿色半透明,表面有银白色光彩。"

笔者于1981年夏天在陕西省博物馆见到李寿墓玻璃残片。残片的器壁很薄,仅1毫米。经核对,发现是3件不同腹径、不同颜色的玻璃器残片。一为淡黄色,透明,外壁附白色风化层,器口残破,颈径约为3毫米,底部残缺。一为翠绿色,透明,外壁附着黄白

图20 广西钦州隋墓出土的玻璃高柄杯

色风化层，圜底，底中心有一小尖，上腹部及颈部都残缺。另一个为淡黄色，不透明，颈部与腹部都残缺。

这3件薄壁的小玻璃器的残片中没有发现口沿的残片。根据残片内壁光洁如新、色泽鲜艳，而外壁附较厚风化层的情况，可以判断这种玻璃瓶的器口很小，甚至可能是封闭的，因瓶内空气与外界不流通，所以未起化学变化，保持原来的色泽。瓶子的腹径很小，3个瓶子的最大腹径分别为：淡黄者2.7厘米，翠绿者1.5厘米，浅黄不透明者1.6厘米。这样小的薄型瓶子恐怕没有什么实用价值，可能是观赏品或器物的器钮。翠绿色玻璃残片经化学分析，是高铅玻璃。

湖北郧县唐李泰墓玻璃器 唐太宗的第三个儿子李泰是4个儿子中最有才华的一个，深受太宗的喜爱。在争夺皇位的斗争中，李泰失败，被迫离开长安，贬到湖北郧县。永徽三年（652年），李泰忧郁而死，葬于湖北郧县。他的墓中出土4件玻璃器皿，其中两件是矮颈玻璃瓶（见图21），黄色透明，透明度好，表面附不透明的风化黄斑，壁厚薄不匀，厚1.5～2毫

图21　湖北郧县唐李泰墓出土的高铅玻璃瓶

米。根据残片可以复原为侈口，圆唇，短颈，肩部较宽，腹部内收，微凹底。两瓶的器形相同，大小不同。一件高约8.1厘米，口径5.6厘米，最大腹径约8.6厘米；另一件高约6.2厘米，口径5.4厘米，最大腹径约6.8厘米。

这两个玻璃瓶都是无模自由吹制成形，口部火烧成圆唇。瓶子的器形与隋代及初唐的陶罐极为相似，只是尺寸较小。其工艺与隋李静训墓出土玻璃的工艺相似。残片经分析，氧化铅含量高达64%。

李泰墓还出土了一件绿玻璃瓶和一件绿玻璃杯（见图22）。

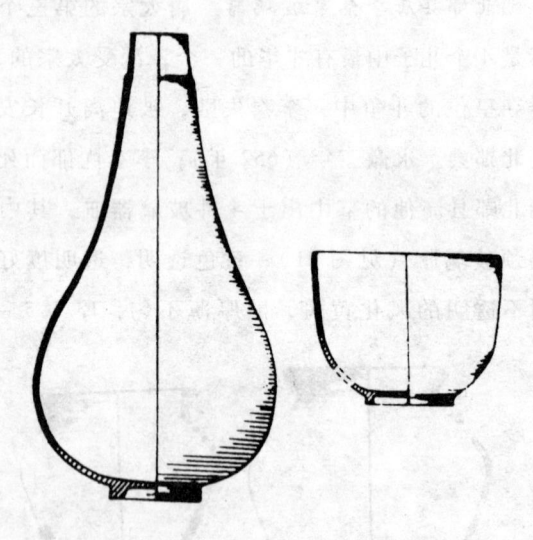

图22 湖北郧县唐李泰墓出土的钠钙玻璃瓶和杯

这两件玻璃器的颜色和质料相同，都是绿色，透明，气泡较多，表面附有白色风化层。玻璃瓶小口，细长颈，球形腹，圜底，圈足。口沿下打磨2.6厘米，打磨部分未经抛光，似为嵌包金属口沿，高24.6厘米，口径3厘米，最大腹径12.4厘米，壁厚0.25厘米；玻璃杯直口直壁，圈足，口沿火烧成圆唇。高约8厘米，口径10厘米，壁厚0.3厘米。

两件器物都是无模吹制成形，圈足为后缠玻璃条。玻璃瓶的残片经分析是钠钙玻璃，含较多的镁和钾。

玻璃杯的器形国外没有发现过，但唐代常见的直口青瓷杯的器形和大小与此基本一致。该杯的器形与隋李静训的钠钙玻璃小杯的器形也很相似，只是尺寸上大了一些，可以看做是从隋代小杯发展而来的。玻璃瓶的器形是中国的传统器形，汉代就有类似的陶瓶，唐代有相似的瓷瓶，宋代很流行的玉壶春瓶与此瓶也有很多共同点。萨珊晚期和伊斯兰早期玻璃中有一种细颈球腹瓶，但一般是平底，无圈足，颈部上下的粗细基本一致，与腹部界限明显，和我国传统瓶的器形有显著差异。

这里的杯和瓶的制作工艺与隋李静训墓中的钠钙玻璃器的工艺相似，都是无模吹制，玻璃条缠圈足，底部有疤痕，只是器形较大，玻璃的熔制水平比较稳定。这两件钠钙玻璃器皿可以看做是隋代钠钙玻璃器皿的继续和发展。

宁夏固原唐史诃耽墓地玻璃器 史氏家族墓地位于宁夏固原南郊乡小马庄一带。史氏家族是隋唐时期来自中亚的移民，这个墓地的年代属于隋代和初唐。根据出土的墓志得知，史氏家族不少人在隋朝和唐朝做官。该墓地的发掘报告还没有发表,但笔者考察过该墓地初唐史诃耽墓(669年)出土的玻璃器。墓中出土的玻璃器有花瓣形玻璃杯、异形玻璃珠和玻璃花等。其中有3件样品做过化学测试,都是高铅玻璃。最令人惊叹的是,玻璃花花瓣用绿色或黄色的薄玻璃吹制而成,花蕊则用头部粘有玻璃珠的铜丝做成,有的花蕊部贴有镀金的铜片。这种用金属和玻璃组合制成的装饰花,构思非常巧妙,是世界范围内最早的玻璃装饰花。玻璃花的出现,反映了我国玻璃匠人的创新精神。他们并不局限于模仿制造西方的实用玻璃容器,而是充分利用铅玻璃色泽鲜艳、可塑性强的特点,发展艺术玻璃。

玻璃花的生产自初唐持续至今,经久不衰,我国的艺术玻璃可谓源远流长。艺术玻璃器的数量颇多,是我国古代玻璃的特征之一。

出土玻璃器的唐代墓葬,除了以上几处外,还有较多的墓葬出土了小件的玻璃珠饰,例如,唐越王李贞墓出土了玻璃珠,唐李凤墓出土了玻璃球,辽宁朝阳唐墓出土了铸造的玻璃小佛像,湖南长沙的唐墓出土了玻璃簪子,反映出唐代的玻璃业已具有相当的规模。明代顾起元的《客座赘语说略》说:"唐末尚琉璃钗钏。"看来在唐代末年玻璃装饰品是很流行的。

隋唐时期的玻璃制品,不仅外表与汉代或汉代以前的玻璃器有明显区别,而且玻璃的成分发生了很大的变化,以高铅玻璃为主,此外也有少量钠钙玻璃。

我国生产的玻璃器皿的最大特点是以铅玻璃为主,

而同时期的外国产品多是钠钙玻璃。我国自战国秦汉到宋代，铅玻璃一直持续下来，而且有所变化。战国秦汉的玻璃多为铅钡玻璃，隋唐时期的以高铅玻璃为主，氧化铅的含量达到70%左右。氧化铅不仅是玻璃的助熔剂，其本身也是玻璃的组成部分。氧化铅可以提高玻璃的料性，便于加工薄壁器物，隋代出现透明度很好的薄壁玻璃器，多是这种高铅玻璃。

战国秦汉的铅钡玻璃是如何发展为高铅玻璃的呢？这是因为制造玻璃的原料发生了改变。战国秦汉的玻璃原料多用方铅矿作为氧化铅的来源，方铅矿经常与重晶石共生，利用这种共生矿，经过氧化焙烧，所得到的"煅砂灰"氧化铅中便自然含有氧化钡。东汉时期，炼丹术已发展到用金属铅煎炼铅丹。金属铅的获得是通过熔炼铅矿。在高温熔炼中，由于钡是一种化学性质极活泼的轻金属，重晶石不会被还原，必然存留在炼渣中，钡的成分不可能进入金属铅中。隋唐时期的玻璃原料改为金属铅，因此玻璃中不含有氧化钡。

这种高铅玻璃的原料主要为金属铅和石英。在我国唐代，炼丹术也有用金属铅和石英熔炼制丹的工艺。唐初医药和炼丹大师孙思邈所著炼丹术专著《太清丹经要诀》中有"造玉泉眼药方"，就是这样一种工艺。其文摘要如下："取水精二两，末之。取铅成炼者二斤，熔之。以此药（指水精末）丸如铜子大，投中，搅之为真白矣。"水精即石英，用石英和金属铅熔炼出来的材料，应该是玻璃。唐代孙思邈称之为"玉泉"和"真白"的材料，也就是现在称之为玻璃的材料。

从目前的研究成果来看，铅玻璃具有相当悠久的历史。它最早诞生于两河流域，之后虽然在西欧、北欧等地也发现铅玻璃的小型装饰品，但与钠钙玻璃或钾钙玻璃相比，国外铅玻璃数量少，年代上也不很连贯，唯有我国自战国以来，铅玻璃一直持续下来，最迟在隋代，由铅钡玻璃发展为高铅玻璃，并由主要生产小装饰品发展为生产薄壁的玻璃容器，形成风格独特的一支，在世界铅玻璃史上占有重要地位。

我国古代有没有钠钙玻璃？什么时候出现钠钙玻璃？这些问题是国内外学者非常关心、经常讨论的问题。

隋唐时期的玻璃器中发现有钠钙玻璃。李静训墓出土的绿玻璃盒是铅玻璃，而同墓出土的矮颈瓶和玻璃小杯却是钠钙玻璃。李泰墓出土的黄玻璃瓶是高铅玻璃，而同墓出土的细颈瓶和绿玻璃杯却是钠钙玻璃。李泰墓的细颈瓶残片经化学定量分析，为钠钙玻璃，镁和钾的含量较高，与罗马玻璃成分差别较大，与萨珊玻璃成分较为相似，与8世纪中亚撒马尔罕地区玻璃作坊遗址出土的绿色容器残片的成分更为接近，这说明我国的钠钙玻璃可能与中亚的玻璃业有一定的关系。

既然隋唐之际我国能够生产钠钙玻璃，为什么以后国产钠钙玻璃器皿又很少发现呢？这应该主要从原料上来分析。关于钠钙玻璃的原料问题，特别是助熔剂碱的来源问题有必要进一步讨论。古代钠钙玻璃中的碱有两个来源：一是高纯度的自然纯碱，一是草木灰。古代埃及玻璃和罗马玻璃都使用地中海南岸碱湖出产的自然纯碱，那里的碱质量很高。10世纪以后，欧洲玻璃才采用当地的草木灰作助熔剂。我国比较缺乏自然纯碱，明代以前的地理志中对碱全无记载。可能正是由于原料来源上的困难，我国隋唐时期已能生产的钠钙玻璃没有能够发展起来。

隋代只维持短短的37年，却出土多件玻璃容器，而且相当精巧，这种情况并非偶然。文献中有隋代制造玻璃的记载："（何）稠博览古图，多识旧物。……时中国久绝琉璃作，匠人无敢措意，稠以绿瓷为之，与真不异。"何稠是隋代的能工巧匠，很受隋文帝的赏识，"开皇初，授都督，累迁御府监，历太府丞"，在仿制波斯锦及恢复琉璃制作成功后，"加员外散骑侍郎"。何稠制琉璃是隋代的一件大事，但他"以绿瓷为之，与真不异"的琉璃到底是瓷器还是玻璃，只根据文献是难以推测的。隋代玻璃器皿的出土，为研究隋代玻璃制作提供了实物证据。

现有的隋代玻璃器皿中，除了一个小杯是蓝色的外，其余全部是绿色的，有的是深绿色，与绿釉的颜色基本一致；从器形来看，这批隋代玻璃器皿中有的完全模仿瓷器，如李静训墓出土的绿玻璃盒和小杯，带有很浓厚的中国瓷器的效果。从这个角度上，可以理解为什么隋代玻璃要记载成"以绿瓷为之"。隋代的玻璃器皿的器形虽小，但工艺水平大大提高了，我国传统的铅钡玻璃转变为高铅玻璃（含氧化铅60%以上），高铅玻璃料性大，更适用于吹制技术。此外，隋代出现钠钙玻璃和铁棒技术,基本上掌握了西亚的玻璃制造工艺。这与东西文化交流的频繁是分不开的。何稠一家的迁移路线也许能够为我们提供一点儿线索。"(何)稠字桂林,国子祭酒妥之兄子也。父通,善斫玉。""(何)妥字栖凤,西域人也。父细胡,通商入蜀,遂居郫县,事梁武陵王纪,主知金帛,因致巨富,号为西州大贾。"有人认为何稠是南方人,不错,何稠的祖父在四川经商了一个时期,但四川并不是何稠的祖籍,日本学者桑原骘藏和我国学者向达先生详细考证了何稠家世,提出何稠家族来自西域的何国。何国是昭武九姓之一,其地位于现在撒马尔罕和布哈拉之间,是粟特人。何稠出身于一个精通西亚技术的粟特人家庭,具备了将西亚玻璃技术与我国传统玻璃技术相结合的条件。隋代玻璃技术的发展提高,与东西文化交流的环境是分不开的。

2. 佛教舍利瘗埋与玻璃器

隋唐时期玻璃的另一显著特点是多发现于佛教遗迹,特别是佛塔的塔基下,这与佛教舍利瘗埋在我国隋唐时期形成了一整套中国化的制度有关。

佛教创始于印度,东汉年间传入中国,并与中国的传统文化互相影响、吸收、发展,成为中华民族的宗教之一。舍利为梵语 Sarira 的音译,通常指释迦牟尼火葬后,遗留下来的一种固体物。此外,菩萨、罗汉和高僧火葬后,也有舍利。佛教经典也允许用其他材料代替舍利。《如意宝珠金轮咒王经》曰:"若无舍利,以金、银、琉璃、水晶、玛瑙、玻璃众宝制作舍利。行者无力者,则到大海边拾取清净沙粒即为舍利,亦用药草、竹木根节造为舍利。"佛教徒敬仰和安奉舍利,是从释迦牟尼的舍利开始的。释迦牟尼火葬后,摩揭陀国阿阇世王等8个国王,分别派遣使者到火葬地拘尸那罗城,将佛舍利平分,八王分别建塔安奉。到公元前3世纪,阿育王弘扬佛教,发掘八王修建的佛骨舍利塔,取出舍利,分别盛入84000个宝函,造84000座宝塔,进一步扩大了佛舍利的安奉范围。

根据文献记载,中国建塔安奉舍利,可能早在三国时期的东吴。《高僧传·康僧会传》记载:三国时孙吴赤乌十年(247年),康僧会入吴,为孙权致舍利,孙权于秣陵(今江苏南京)城东长干置建初寺及阿育王塔。考古发掘迄今为止还没有发现这样早的舍利塔,已经发掘的最早的有纪年的塔基是河北定县北魏塔基,这是北魏孝文帝在太和五年(481年)发愿修建的。塔基为夯土筑成,石函直接埋在夯土中,石函内装有玻璃容器7件,还有玻璃珠、玛瑙、珍珠、珊瑚、红宝石等组成的串饰、铜钱和波斯银币。

隋文帝是中国佛教史上弘扬佛教的重要人物之一,他即位后3次敕令全国各州建塔安奉佛舍利:第一次是仁寿元年(601年),敕令全国30州建立宝塔,并派遣高僧分送佛舍利到各地安置。第二次是仁寿二年,在全国52州建塔供舍利。第三次是仁寿四年,下敕在30州增设宝塔。考古发掘出来的隋代舍利塔基及塔基内的玻璃器有以下两次。

陕西耀县神德寺舍利塔的玻璃瓶 1969年陕西耀县农民在平整土地时,于距地面深2米处发现一座舍利塔塔基,内有石函。石函盖上有篆书"大隋皇帝舍利宝塔铭"9字,函内有一鎏金盝顶铜盒,盒内藏有3枚舍利。石函内还有一些金银珠宝,此外还有一铜盒,内装头发;另一方铜盒,内放绿色玻璃瓶,瓶内装着红色液体,有可能是某种香料。石函内还有玻璃珠和蓝紫色玻璃圆锥形物作为对佛舍利的供养物。

这件玻璃瓶绿色,透明度好,器形为直颈微侈,球形腹,圈足,瓶口上配有子母口的玻璃盖,盖上粘有宝珠形钮。高5.8厘米,口径2.1厘米。吹制成形。该瓶的制作工艺与质料颜色均与隋李静训墓的绿玻璃盒相似。

根据出土的塔铭可知,原舍利塔是仁寿四年(604年)隋文帝在宜州宜君县神德寺供养舍利所建之塔。塔基内的玻璃瓶,可以肯定是隋代仁寿年间制造的。

河北定县宋代静志寺舍利塔出土的隋代玻璃瓶 1969年发现宋代太平兴国二年(977年)重建静志寺舍利塔的地宫。地宫内出土很多玻璃容器,其中一件玻璃瓶可能是隋代大业二年(606年)放进塔基的隋代产品。这件玻璃瓶为天蓝色,半透明,侈口鼓腹,肩部缠一条阳弦纹,玻璃条缠圈足,底部有顶底铁棒疤痕。高9厘米,口径5.5厘米,最大腹径8厘米(见图23)。

从塔基出土的金石铭文可以知道,该塔原建于北魏,后经隋、唐、北宋几次重建,每次重建时都加入新的供奉品。塔基出土物大部分是北宋的，但也有北魏、隋、唐的文物。将这件天蓝色瓶与北魏、隋、唐时期的玻璃相比较，此瓶的器形与耀县隋仁寿四年舍利塔基中出土的绿带盖瓶的器形非常相似，都像是模仿我国汉代壶的造型；在成分上与隋代李静训墓的两件钠钙玻璃小杯的成分较为接近；工艺上也与李静训墓的钠钙玻璃杯、瓶相同，因此这件玻璃瓶有可能是隋代国产玻器。

图23 河北定县北宋塔基出土的隋代玻璃瓶

塔基下出土的隋代鎏金方形铜函铭文，明确记载隋大业二年重建塔时，做玻璃瓶埋入塔基："大隋仁寿三年五月廿九日，静志寺与四部众修理废塔，掘得石函，奉舍利有四，函铭云大代兴安二年十一月五日。即建大塔，更做真金宝碗、琉璃瓶，上下累叠，表里七重，至大业二年十月八日于塔内。"唐代的石刻铭文记大中二年发旧塔基时，发现塔基内有隋代的琉璃瓶："至大中二年四月……发旧基，得石函二，一大一小……银塔内有琉璃瓶二，小白大碧，两瓶皆盛水，色凝结……。"隋代的玻璃瓶如果没有损坏，就有可能继续保存在塔基下。这件天蓝色玻璃瓶与隋代的玻璃相似，说明这件玻璃瓶很可能是隋代的玻璃制品。

关于隋文帝派遣高僧分送舍利到各地安置的事件，

历史文献中有不少记载。唐代著名僧人释道宣编纂的《广弘明集》中，明确记述隋仁寿年间建塔供养舍利，是用金瓶和琉璃瓶盛装的，而且金瓶是最内层的容器，玻璃瓶是第二层的容器。《广弘明集》卷十七《舍利感应记》："乃取金瓶、琉璃各三十，以琉璃盛金瓶，置舍利于其内。""泰州于岱岳寺起塔……于是瓶内有声，放光高丈余，食顷乃灭。人审视之，见琉璃内金瓶盖自开，瓶口有寸光如箸，焖然西指。"同书卷十七《庆舍利感应表》记："许州表……四月七日在州大厅，舍利出金瓶之外，琉璃瓶内，行道放光。"唐代文献中的琉璃，一般是指玻璃。如果隋文帝仁寿年间3次遣高僧分送舍利到全国112州建塔安奉的每一次活动中都使用玻璃瓶，那么隋宫廷作坊制造的玻璃瓶的数量也相当可观了。

中国封建社会至唐代发展到黄金时代，佛教也随之发展到兴盛时期，瘗埋舍利也形成一整套的中国化的制度。在塔基下出土玻璃器的有以下几件。

甘肃泾川唐大云寺塔基玻璃舍利瓶　1964年发掘的甘肃泾川唐大云寺塔基，是唐延载元年（694年）建立的。地宫平面正方形，砖筑、券顶，宫门在南，门前有短甬道。地宫内置舍利石函，函身四周刻"泾州大云寺舍利石函并序"。石函内置鎏金铜函，铜函内置银椁，银椁内置金棺，金棺内置玻璃瓶，玻璃瓶内盛舍利14粒。这种用石函铜函、金棺银椁、玻璃瓶的舍利瘗埋制度是前所未有的，改变了印度用罂坛瘗埋的方式，更符合中国的习惯。

这件玻璃舍利瓶无色透明，透明度好，细长颈，球形腹，底微凹，高2.6厘米，口径0.5厘米，腹径2.1厘米。器壁非常薄，不足1毫米。器底部附白色风化层，风化层的边缘发黄。全器吹制成形，口沿部自吹管上切割下来后未经加工，不很平整。虽然石函铭文记载，石函、琉璃瓶和舍利14粒都是来自古塔基，但考察玻璃瓶，更接近唐代的器形，铭文记载有可能是虚构的。

西安东郊舍利塔基的玻璃舍利瓶 年代比泾川舍利瓶稍晚一些的西安东郊开元八年（720年）舍利塔基下出土的舍利瓶，置于鎏金铜棺中。舍利瓶的底部和下腹部已残缺，但还能看出原器形（见图24）。瓶残高2.2厘米，口径0.6厘米，颈长1.4厘米；绿色透明，光洁无锈，器壁厚约0.1厘米；细长颈，球形腹，颈部和腹部的界限明显，口沿部平齐，可能从吹管上切割下来后又经过加工。

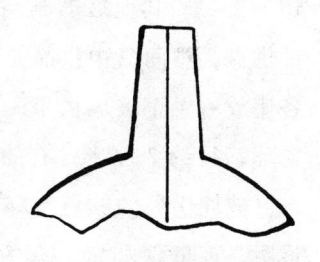

图24　西安东郊舍利塔基出土的玻璃舍利瓶

陕西临潼唐庆山寺舍利塔基的玻璃器 1985年，陕西临潼发现唐庆山寺舍利塔基的地宫。地宫为砖砌券顶，平面呈甲字形。甬道内树碑，为开元二十九年（741年）刻的《上方舍利函记》。地宫门向南开，北壁正中置须弥座，安奉石函，上镌"释迦如来舍利宝帐"8字。石雕宝帐是空心的，内放一个长21厘米的

五　玻璃制造的中兴

银椁,椁内有长 14 厘米的金棺,棺内有两件绿色玻璃瓶,瓶内装有小米粒大小的水晶。这些水晶是舍利的代用品。

这两件玻璃瓶都为绿色,透明度好,吹制成形,内含小气泡,一大一小。器形基本一样,细长颈,球形腹,大者高 4.6 厘米,小者高 2.1 厘米。两件玻璃舍利瓶分别放在莲花形鎏金铜座上。

唐庆山寺舍利塔基不仅出土了两件玻璃舍利器,还出土一些其他玻璃制品。在石雕宝帐前一字摆着 3 件供盘,中间盘中供品是唐三彩南瓜,两边三彩盘内各盛放着 4 个玻璃供果。这些玻璃供果有的为空心玻璃球,径约 2 厘米;有的为空心桃形物,高约 3.5 厘米。玻璃供果的颜色有绿色透明、棕色透明和白色半透明,都壁薄如纸。有的玻璃供果出土时已经残破,残片经过化学分析,都是高铅玻璃。

地宫中还出土了一件玻璃瓶,侈口短颈,高 7 厘米,口径 3.9 厘米,底径 3 厘米,肩部和腹部缠贴玻璃丝为装饰。玻璃为无色透明,质量较高,内壁附着黑色风化层。这件玻璃瓶很可能是从西亚进口的。

黑龙江宁安县唐渤海国塔基玻璃舍利瓶 黑龙江宁安县出土的舍利函中也有一只玻璃舍利瓶,出土地点是唐代渤海国故都上京龙泉府遗址的内城外东南,估计位于较大佛塔建筑的基础中心。舍利瓶放在二层石函、铁函、铜匣、方形银盒、蛋形银盒之内。玻璃舍利瓶为淡绿色,外附白色风化层,壁薄如蛋壳。体呈圆形,长颈,鼓腹,底略凹,口略残,高 5 厘米,吹制成形。

陕西扶风唐法门寺地宫的玻璃器 1987年发掘的陕西扶风县唐代法门寺地宫，是中华人民共和国成立以来佛教考古的最重要的发现。释迦牟尼佛指舍利及唐代诸帝为其安奉所赐珍宝都在法门寺真身宝塔地宫中发现，同时还出土二通石碑，一块《大唐咸通启送岐阳真身志文》，记载着地宫的沿革和唐懿宗、僖宗时，奉迎佛指舍利的盛况；另一块《监送真身使随真身供养道具及金银宝器衣物帐》，记载着地宫内所藏珍宝的名称、数量、赐予者等，都具有极重要的史料价值。

地宫中共出土了20件玻璃容器，但没有一件是盛放指舍利的容器。这可能是由于指舍利比较大，高约5厘米，不需要盛放在玻璃瓶中。地宫中出土的玻璃容器除一件黄色玻璃瓶放置在前室正中，是作为佛教密宗的法器阏迦瓶使用的外，另外19件都被作为供养物品。20件玻璃器中，18件是从西亚输入的舶来品（后文将对它们详细讨论），只有玻璃茶碗和托子是中国制造的（见图25）。

玻璃茶碗为淡黄色，稍泛绿色，透明度好，内外壁光洁无锈，玻璃内含小气泡。碗侈口，圆唇，壁上薄

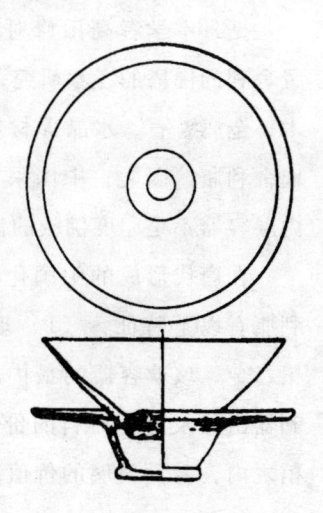

图25 陕西扶风唐法门寺地宫出土的玻璃茶碗和托子

下厚，有较厚重的小平底。碗的器形比较规整，碗壁有横向纹理，是无模吹制成形。高4.9厘米，口径9.3厘米，壁厚0.1~0.5厘米，底厚1~1.4厘米。

玻璃茶托颜色与茶碗一样，淡黄色，透明，稍泛绿色。平底深托，宽平沿高3.5厘米，盘径13.7厘米，托径5厘米，托深2.8厘米，壁厚0.2~0.4厘米。无模吹制成形。

玻璃茶碗和茶托是配套使用的，类似的器形在瓷器和金银器中都能见到。在地宫出土的石刻《衣物帐》中称之为"琉璃茶碗拓子一副"，是唐僖宗的奉献物，有可能是唐代宫廷作坊的作品。

建塔安奉舍利的制度是从印度传入中国的，但玻璃舍利瓶的采用，却是中国的创造。

据日本学者高田修对印度、阿富汗境内100座安置舍利的佛塔的考察研究，盛放舍利的容器都是用陶、木、金属、石、水晶等材料制成的，没有一例采用玻璃舍利瓶。因此，中国采用玻璃瓶作为盛放舍利的最内层容器不是印度佛教的传统，而是中国化的表现。

在唐代形成的中国化的舍利瘗埋制度中，玻璃舍利瓶有以下特征：（1）玻璃舍利瓶放在一套石、铜、银、金、玻璃容器的最内层，直接盛放舍利。这套舍利器由外及里，材料的价值逐渐增高，玻璃瓶位于金棺之内，表示玻璃的价值高于黄金。（2）玻璃舍利瓶器形简单，都是细长颈、球形腹。由于装在小金棺中，玻璃舍利瓶尺寸很小，一般高不超过5厘米。玻璃瓶壁薄如纸，透明度好，瓶内的舍利，历历可数。玻璃的颜色以绿色透明为多。(3) 玻璃舍利瓶多为高铅玻璃。

为什么唐代瘗埋舍利选用玻璃瓶作为盛放舍利的最内层的容器呢?

玻璃瓶壁薄透明,耐腐蚀,适合作舍利瓶。瓶内的舍利子若发生神奇变化,可以透过瓶壁清楚地看到。玻璃瓶透明的特殊性能是被选作舍利瓶的原因之一,但天然水晶的透明度比玻璃更好,而且现代人看来,水晶比玻璃珍贵多了,为什么唐代人不选用水晶瓶作为舍利瓶呢?这是由于唐代人与现代人对玻璃这种材料的认识不同。

唐代人将玻璃这种材料称为琉璃。琉璃,是佛经上的七宝之一。诸经籍关于佛家七宝的记载稍有不同,但一般都把"琉璃"作为七宝中的一宝。唐代慧琳编纂的《一切经音义》中说:"吠琉璃,宝名也,或云毗琉璃,或但云琉璃,须弥南是此宝也。其宝青色,莹澈有光,凡物近之,皆同一色。"当时的人们一般还不知道"琉璃"是人工材料,以为是来自西域须弥山的天然宝物,因此选绿色的玻璃作为盛放舍利的最内层容器。

随着唐文化向东的传播,舍利瘗埋制度也影响了朝鲜半岛和日本,玻璃舍利瓶的使用范围越来越大了。

佛教于372年由中国首先传入朝鲜半岛的高句丽,384年传入百济,527年传入新罗。隋唐瘗埋舍利的制度直接影响到朝鲜半岛。三国时代和统一新罗时期的舍利塔采用玻璃舍利器的有以下10处发现:

庆州芬皇寺仿砖石塔的玻璃舍利瓶(634年);庆

北漆谷那郡林寺五层石塔的绿色玻璃舍利和舍利瓶（8世纪）；庆州佛国寺释迦塔的绿色玻璃舍利瓶（751年）；益山王宫里五层石塔的绿色玻璃舍利瓶（统一新罗时期）；义城冰山寺五层石塔的绿色玻璃舍利瓶（统一新罗时期）；奉化西洞里东三层石塔的绿色玻璃舍利瓶（9世纪）；安东临河寺砖塔的蓝色玻璃舍利瓶（9世纪）；安东临河洞三层石塔的绿色玻璃舍利瓶（统一新罗时期）；昌宁述亭里东三层石塔的淡黄色玻璃舍利瓶（统一新罗时期）；升州桐华寺三层石塔的绿色玻璃舍利瓶（统一新罗时期）；

唐代舍利瘗埋制度传入朝鲜半岛后，与当地的文化传统相融合，唐制度中的一部分被接受，一部分被改革。唐代瘗埋舍利的一套玻璃、金、银、铜的容器，基本被朝鲜半岛所接受。

朝鲜半岛7～9世纪的玻璃舍利瓶与中国唐代的玻璃舍利瓶基本一样，都是细颈，球形腹，多为绿色透明。玻璃舍利瓶小巧玲珑，大者高6.8厘米，小者高仅2.4厘米。经过检测的朝鲜半岛的舍利瓶，也与中国唐代玻璃舍利瓶一样，都是高铅玻璃。

在日本发现的7～9世纪的玻璃舍利瓶有两件。一件是滋贺县大津市崇福寺遗址出土的深绿色舍利瓶，高2.8厘米，腹径2.8厘米。崇福寺建于天智天皇七年（668年）。另一件出土于奈良法隆寺五重塔（693～694年），深绿色，透明，高6.5厘米，腹径5.6厘米。崇福寺的玻璃舍利瓶经过分析，是铅玻璃。法隆寺的玻璃舍利瓶没有经过科学分析，日本学者推测很可能也是铅玻璃。

朝鲜半岛和日本出土的玻璃舍利瓶是在中国制造的还是在当地制造的，难以确定，但通过这些小小的玻璃瓶可以看到唐代文化意识的东向传播。

玻璃在隋唐时期称为"琉璃"，是佛教七宝中的一宝，受到佛教僧侣和信徒的特别重视，不仅玻璃瓶被选作盛放舍利的最内层容器，在瘞埋舍利的供奉物中，一般都有玻璃珠和玻璃饰品。除此之外，唐代僧侣在日常生活中也佩带一些玻璃饰品。

西明寺是唐代名刹之一，位于今西安白庙村。在西明寺遗址的发掘中，出土了一件完整无损的玻璃鱼佩饰（见图26）。这件玻璃鱼饰为淡蓝色，透明，外附风化层，长4.9厘米，厚0.15厘米，两面都有阴线纹雕刻。鱼头较大，鱼唇上翻，似为佛教艺术中的摩羯。鱼饰的腹部有一圆孔，是为了便于佩带。这种玻璃鱼饰恐怕是唐代僧侣的喜爱物。唐代的玻璃鱼饰和玻璃珠饰也东传到朝鲜半岛和日本。日本奈良正仓院收藏了大量的8世纪的玻璃珠和玻璃鱼饰。更重要的是，正仓院还保存下来当时的文书，其中有天平六年五月一日记录的制造玻璃所用材料的账目。在这份账目上，记载要用黑铅983斤、白石330斤。黑铅即金

图26 西安唐西明寺遗址出土玻璃鱼佩饰

属铅,白石即石英石,这两种材料是唐代高铅玻璃的主要原料。正仓院文书还记有玻璃的着色剂"朱砂小8两"。这是用于制造绿色玻璃和黑色玻璃的着色剂。日本学者研究了这件文书,也检测了正仓院所藏的玻璃珠,发现玻璃珠的化学成分与文书配方上材料比例相符合,进一步证实了中国唐代高铅玻璃的制造技术已经传入日本。

3 丝绸之路与玻璃贸易

"丝绸之路"是由汉武帝(公元前2世纪末)开辟的横贯亚洲腹地的商路,以西安都城长安为起点,向西方伸延,一直通到地中海东岸的安条克(Antiloch),全长达7000公里以上。这条道路的开辟至今已有2000多年的历史,但"丝绸之路"这一专称是德国地理学家李希霍芬(F. von Richthofen)在1877年第一次使用的。他创造这个专有名词"丝绸之路"是为了强调这条路的开辟,主要是为了运输中国丝绸到罗马帝国去。丝绸之路这个词现在已由狭义扩展为广义,泛指古代东西文明相互交流之路,使用的年代可上溯到战国或更早,下延到明代,具体线路也由专指沙漠路线,扩展为草原路线和海洋路线。它的东端已延伸到日本奈良,西端已到达欧洲和非洲。东西方的文化交流和贸易并不是单方面的,在中国的丝绸、瓷器等输往西方的同时,中国也从西方引入毛织品、香料、宝石、金银器和玻璃器。隋唐时期丝绸之路畅通无阻，玻璃贸易空前繁荣。

我国隋唐时期已经能够生产质量较高的玻璃器了，但来自西亚的精美玻璃，仍是达官贵人争相追求的珍宝。《资治通鉴》记载了唐代宗为了一个大玻璃盘而郁郁不乐的故事，充分反映出进口的玻璃器在唐代的价值。

路嗣恭是唐代宗时期的岭南节度使，在他平定广州时，广州已是唐代海路交通的重要商埠，商贾云集。路嗣恭没收了很多大商人的家产，将万贯财宝据为已有。广州平定后，路嗣恭贡献给唐代宗一个玻璃盘，直径九寸。代宗以为这么大的玻璃盘是天下至宝了。不久，由于宰相元载专横贪婪，代宗派人查抄了他的家。在元载家抄出一个直径达一尺的玻璃盘。这个玻璃盘也是路嗣恭平定岭南后送给元载的。代宗发现路嗣恭没有把最大的玻璃盘贡献给自己，而献给了宰相，心中非常不快。事过一年以后，代宗与江西判官李泌谈起这件事，还耿耿于怀，妒恨之情跃然纸上。

路嗣恭在广州得到的玻璃盘，应该是通过海上贸易，从地中海东岸运来的西方玻璃。正因为这种玻璃盘在中国很难得到，所以代宗"以为至宝"。

由于进口的玻璃器造型新奇，装饰华丽，又经过千山万水的跋涉，没有人知道西方玻璃制造的详细工艺，所以隋唐的人们认为西方玻璃不仅非常珍贵，而且非常神秘。西方玻璃是人造材料还是天然材料这个基本的问题，让人们困惑了很多年。颜师古是唐初的著名学者，他在校注《汉书·西域传》时，对西方玻璃发表了一通议论。他说《魏略》一书讲的大秦国出产赤、白、黑、黄、青、绿、缥、绀、红、紫10种玻璃，都是用天然材料制成的，玻璃的色彩和润泽程度都超过一般的玉石。他还说，现在普通流行的玻璃，都是把石头熔化了，再加上各种药物烧铸而成的，这种玻璃非常娇脆，不耐用，实际上不是真的玻璃。颜师古对西方玻璃的误解，代表了唐代一般人的看法，即西方玻璃是用天然宝石制成的，所以特别珍贵。

柳宗元《河东记》中记载，唐贞元年间，扬州突然出现一个杂耍乞丐，自称姓胡，名媚儿。有一次，他从怀中取出一个玻璃瓶子，体积大约半升。玻璃瓶非常透明，瓶口像苇管一样细。胡媚儿说："如果施舍品能装满这个玻璃瓶，我就心满意足了。"有人给了他一枚百文的铜钱，放进瓶子里，就变得像小米那样小，有人又给了他千钱、万钱、十万、二十万的铜钱，放进瓶里也都变成小米大小。后来又把马和骡子放进瓶内，马和骡子就变得像苍蝇那么小，在瓶内活动自如。不久，一位官员押送几十辆车从这里经过，官员停下车观看，问胡媚儿能否让这几十辆车都进入瓶中？胡媚儿说："只要你允许，就可以。"官员说："试试吧！"胡媚儿将瓶口微侧，命令人和车马都进入瓶中。队伍很有秩序地进入瓶子，渐渐看不见了，胡媚儿也立即跳入瓶中。官员急忙打破玻璃瓶，希望能找到他的车队，但一无所获。一个多月以后，有人在清河以北见到胡媚儿正率领车队向东平而去。这个故事中的主人公胡媚儿，很可能是从西域来的外国人，他的玻璃瓶当然不会出现故事中的奇迹，但通过这个故事，可以看出西方的玻璃器在唐代被渲染上的一层神奇的色彩。

西方玻璃的神秘，使人们觉得它肯定具有某种神力，因此五代时人们曾用玻璃器进行占卜，推断祸福。《旧五代史》记载，后唐末帝李从珂要选择一名官员作他的宰相，他将一些清官的姓名都写在纸条上，放到一个玻璃瓶里。夜里焚香祭天之后，用筷子挟出一个纸条，上面写的是卢文纪，末帝就欣然任命卢文纪为宰相。

伊朗高原萨珊王朝（226～651年）时期的玻璃制品，在我国魏晋南北朝时期就经由丝绸之路传入我国。隋朝及取而代之的唐朝，都与萨珊王朝保持了良好的关系。7世纪阿拉伯军队征服了波斯，萨珊王朝最后的国王伊嗣俟（Isdigerd）的儿子卑路斯（Firuz）和孙子泥涅斯（Narses）都流亡到中国，客死长安。近年的考古发掘又发现一些萨珊王朝晚期的玻璃制品。

西安东郊隋舍利墓刻花玻璃瓶 玻璃瓶出土于西安东郊隋代舍利墓，根据墓志，我们知道墓主人是兴宁场清禅寺的僧人德××，圆寂于隋文帝开皇九年（589年）。

这件玻璃瓶（见图27）绿色，透明度好。细颈，球形腹，圈足，高8.6厘米。腹部有4个突起的圆形纹饰，圆饰的直径2.5厘米，高出外壁3～5毫米，圆饰面呈凹球面。瓶子的底部圈足也是由这样的一个圆形饰代替，只是稍大于腹部的圆形饰，直径为 3 厘米，厚 1 厘米。瓶的肩部有 4 个突起的三角形装饰，高出外壁 3~5 毫米，三角形装饰的面上，有两个椭圆形凹槽。这个玻璃瓶的装饰方法与宁夏固原北周李贤墓出土的玻璃瓶一样，都是冷加工磨琢出来的纹饰。原玻璃瓶的瓶壁很厚，超过 1 厘米，经过打磨，将瓶壁磨薄，纹饰部分就高出瓶壁，形成高浮雕的效果。

图 27 西安东郊隋舍利墓出土的萨珊玻璃瓶

与这件玻璃瓶非常相似的一件玻璃瓶现存美国纽约州康宁玻璃博物馆（NO.59.1.435），颜色也是绿色，但比我国隋墓出土的稍浅，高 7 厘米，器形和纹饰与我国出土的一模一样。康宁玻璃博物馆的玻璃瓶是在古董市场上买的收藏品，美国的玻璃专家认为这件瓶子产于 6~8 世纪的近东，可能是波斯萨珊玻璃。

我国隋墓出土的这件玻璃瓶，有埋藏的可靠年代，即 589 年，它的生产年代肯定早于 589 年。美国康宁玻璃博物馆的那件玻璃瓶，也可以根据我国的考古发现，确定为 6 世纪的产品。

西安东郊隋舍利墓还出土了一些玻璃器物，与一般隋代国产玻璃不同。该墓出土玻璃彩珠 10 颗，其中 5 颗是绿色，球体内有红色彩带数道，中穿小孔；另 5

颗为黑色，球体内有黄色彩条数道。另外还发现一套棋子，共26个，其中13个是玻璃棋子，绿色透明，类圆锥体。其中12个玻璃棋子一样大，都是底径2.6厘米，高2.7厘米；1个玻璃棋子较矮，底径2.6厘米，高1.6厘米。另外13个棋子是玛瑙制成的，也是12个高，1个矮。这套棋子与中国隋唐时期的围棋子不同，可能是来自西亚或中亚的一种游戏用具。

西安新机场隋墓的磨花玻璃盘 20世纪90年代初，在西安西北咸阳塬上修建新的飞机场。基建中发现了一批隋唐墓。在一座墓中出土了一件黄色磨花玻璃盘。玻璃盘的口径为10.8厘米，高3厘米。腹部和底部有圆形磨饰，与日本正仓院藏的磨花玻璃碗一样，都是最典型的萨珊玻璃的装饰手法。

河南洛阳关林118号唐墓的玻璃瓶 这件玻璃瓶出土于洛阳关林118号墓，墓葬的年代属于唐代。玻璃为翠绿色，透明，外附厚风化层，风化层呈金黄色。细颈，球腹，微凹底，高11.0厘米，最大腹径11.5厘米。

这件玻璃瓶的造型较简单，无纹饰，系无模自由吹制成形。这种细颈瓶是叙利亚海岸罗马后期和伊斯兰初期的普通香水瓶，伊朗高原吉兰州3~7世纪的萨珊玻璃器中也多有发现，《波斯玻璃》一书选载的一件细颈瓶和关林唐墓细颈瓶几乎一模一样。关林唐瓶的残片作了化学分析，属于钠钙玻璃。从镁和钾含量较高来看，与萨珊玻璃的成分更为接近，因此这件玻璃瓶可能是萨珊玻璃。

新中国成立前洛阳附近的墓葬中也出土过相同器形的玻璃瓶,后流失国外,现存加拿大安大略皇家博物馆,经检验也是钠钙玻璃。该玻璃瓶可能与关林唐墓的细颈瓶一样,都来源于 7 世纪的伊朗高原。

西安何家村窖藏的环纹玻璃碗 西安何家村 8 世纪前后的窖藏中出土了一件凸圈纹玻璃杯(见图 28)。玻璃无色透明,稍泛黄绿色,平底侈口,口沿外翻卷成圆唇,口沿下有一条阳弦纹,腹部有 8 组三环纹,高 9.7 厘米,口径 14.1 厘米,底径 10.3 厘米。

图 28 西安何家村窖藏出土的萨珊玻璃瓶

日本正仓院保存一个 7 世纪的蓝色环纹高柄杯,足柄是后配的,银质。朝鲜庆州松林寺 7 世纪砖塔出土一件环纹玻璃杯,虽然在器形上与何家村窖藏玻璃杯不一样,但工艺及装饰手法是类似的,都是吹制成形,并在器壁上用热玻璃条缠出环纹作为装饰。这一批玻璃器可能都来源于伊朗高原,这样何家村窖藏的玻璃杯的年代有可能提早到 7 世纪初,且日本正仓院的蓝玻璃高柄杯为钠钙玻璃。

敦煌莫高窟隋代和唐代壁画上有 80 余件玻璃器皿的画面,其中大部分是玻璃碗、盘。使人感兴趣的是 15 件壁画碗、钵上画有圈点纹,这些画有圈点纹的玻璃碗很可能是表现从伊朗高原输入我国的带圆形磨饰或环纹的玻璃碗。

伊斯兰阿拉伯7世纪兴起,很快占领地中海东岸和伊朗高原两个玻璃中心。伊斯兰玻璃在工艺和器形上直接继承了罗马和萨珊玻璃传统。由于阿拉伯帝国地域广阔,其玻璃多种多样,到9世纪开始形成自己的独特风格。我国出土的唐代玻璃器皿中有一些是比较有代表性的早期伊斯兰玻璃。

法门寺唐代地宫出土的伊斯兰玻璃器 法门寺唐代地宫出土了完整无损的和尽管破碎、但可修复的玻璃器皿20件。这批玻璃器中除了一套茶托子是典型的中国器形外,其余的都是伊斯兰玻璃器。根据不同的装饰工艺,这批玻璃器可分为5类。

贴花盘口瓶(见图29)1件,高21厘米,腹径16厘米。黄色,透明,无模吹制成形,底部有加工疤痕。盘口,细颈,鼓腹,圈足。肩部缠贴一道相同颜色的玻璃丝。腹部贴有4排装饰,第1排为8个深蓝色同心圆形饰,第2排为6个不规则五角星饰,第3排为6个莲芯样圆形饰,靠近底部的第4排为6个深蓝色水滴形装饰。

贴丝是将熔融的玻璃液拉成细丝,在玻璃丝冷却之前缠贴到器皿上。圆形饰是

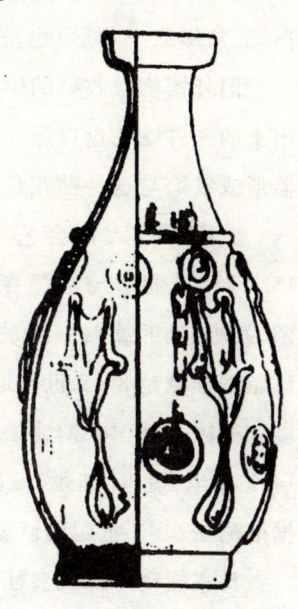

图29 陕西扶风法门寺唐地宫出土的伊斯兰盘口瓶

先用模子压成形,然后趁热压贴在瓶身上。星状饰和水滴饰的工艺与圆形饰不同,是将熔融的一小团玻璃料挑到瓶身,在玻璃料冷却之前,用工具在瓶身上拔拉成所需要的纹饰。贴丝和贴花都属于热加工装饰工艺。地中海东岸的玻璃匠早在罗马帝国时期便已熟练掌握这种工艺,他们特别喜欢在非常薄的器皿上缠贴多道同色或不同颜色的玻璃丝作为装饰。7世纪伊斯兰阿拉伯占领地中海东岸后,伊斯兰玻璃匠首先继承和发展的就是这种装饰工艺,除了生产与罗马玻璃很难区分的薄壁贴丝器皿外,还生产罗马玻璃中不常见到的贴花器皿。圆形饰是伊斯兰玻璃中最常见的贴花,另外星状饰(六角形、五角形或三角形)也是比较流行的贴花。

国外博物馆收藏的伊斯兰玻璃器中,没有与法门寺出土的这件贴花盘口瓶完全相似的,但有几件玻璃瓶的器形或纹饰与这件贴花盘口瓶有一定的关系。

美国纽约大都会艺术博物馆藏的一件玻璃瓶高15.2厘米,器形与法门寺的盘口瓶相似,也是盘口、细颈、鼓腹,肩部缠贴一道玻璃丝,腹部有2排圆形贴花。该瓶据推测是8~9世纪地中海东岸的产品。

德国柏林国家博物馆伊斯兰部收藏一件玻璃瓶,高14.3厘米,盘口、细颈、鼓腹,肩部贴丝,腹部贴圆形饰,据推测是6~7世纪的萨珊玻璃。

日本板硝子株式会社藏有一件贴花玻璃瓶,虽然器形较小,也没有盘口,但是腹部两种颜色的星状贴花与法门寺的盘口瓶的贴花工艺是一样的。

美国纽约州康宁博物馆、德国杜塞尔多夫艺术博物馆和柏林国家博物馆伊斯兰部都藏有星状贴花的玻璃瓶。据推测,其制作年代和产地并不一致,这些收藏品都不是发掘品,年代和产地全靠推测。由于热加工装饰工艺在伊斯兰早期的地中海东岸非常流行,一些人推测这批玻璃是地中海东岸伊斯兰早期的作品,或属更早的东罗马玻璃。还有人根据这种盘口瓶颇有萨珊王朝银器的遗风,认为这种盘口瓶的产地应在伊朗,是萨珊晚期或伊斯兰早期的作品。

法门寺的这件贴花盘口瓶虽然还不能证明这类玻璃的产地,但它是考古发掘出土品,与带纪年的器物共出,提供了年代的下限,即塔基的建造年代,为874年。笔者的意见倾向于该瓶产于8~9世纪的地中海东岸。

刻纹蓝玻璃盘(见图30)6件。尺寸不同,最小的高2厘米,口径15厘米;最大的高2.3厘米,口径20.3厘米。深蓝色,透明,平底稍向上凸,侈口。盘的口沿稍有差别,有的圆唇,有的平唇。盘的外底部有加工的铁棒

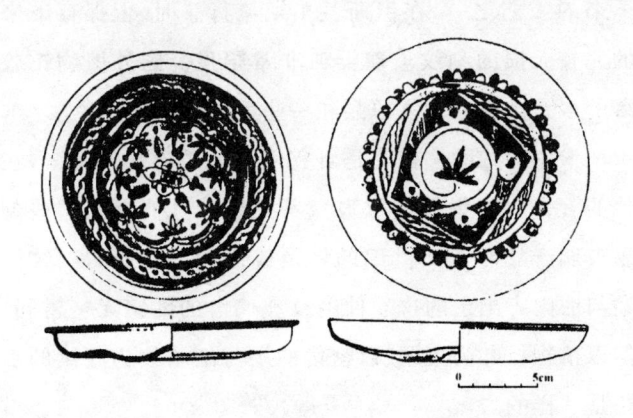

图30 陕西扶风法门寺唐地宫出土的伊斯兰刻纹玻璃盘

疤痕。盘的内底刻有不同的纹饰,我们称这种玻璃装饰为刻纹玻璃(incised glass or scratched glass),是为了将它与刻花玻璃区分开来。刻纹是用比玻璃硬的尖头材料——一般认为是用钻石——在成形冷却的玻璃表面浅浅地刻画出来的单线条纹饰。刻花是用不同规格的砂轮在玻璃表面切割打磨出来的纹饰。刻纹和刻花都属于冷加工装饰工艺。

6件玻璃盘都是以植物的枝、叶、花为主题的刻纹,但每件盘子的图案各异。艺术家熟练地运用了葡萄叶纹、葵花纹、枝条纹、绳索纹,以及一些几何图案,如菱形纹、十字纹、三角纹、正弦纹等,再加上密集的平行细斜线纹,画出底纹,组成繁丽的图案,每幅图案一般可分为4个或8个小的图案单位。有两件刻纹蓝玻璃盘在刻纹的基础上,一些主要线条又描绘成金色,使得已经很华丽的盘子更加光彩夺目。

刻纹玻璃工艺也是伊斯兰玻璃匠从罗马帝国继承下来的工艺之一,在伊斯兰早期流行一时,但保存下来的完整无损的刻纹玻璃器皿非常罕见。国外博物馆收藏的多是破碎后的复原品和一些无法复原的残片。

卡尔·约翰·拉姆是研究伊斯兰玻璃的开拓者,在他的著作中收集的刻纹玻璃都是残片。他推测这些刻纹玻璃产品产于9世纪的埃及或伊朗。它们的刻纹图案与法门寺出土的这6件刻纹玻璃盘的图案无一雷同,但以植物枝叶为主题、以密集的平行细斜纹为底纹的手法是一样的。

美国纽约州康宁玻璃博物馆有一件刻纹玻璃瓶,高

20.7厘米,浅绿色,透明,腹部饰有刻纹,其图案中的绳索纹与法门寺盘子上的绳索纹是一样的。这件玻璃瓶被推测是9~10世纪的伊斯兰玻璃。

美国纽约大都会博物馆1939年在伊朗内沙布尔发掘时曾发现一批玻璃残片,其中一件残破的刻纹玻璃盘与法门寺出土的刻纹玻璃盘最相似。该盘深蓝色,透明,直径28厘米,高1.5厘米。盘子的内部布满繁丽的刻纹图案,最外层的葵花纹、其次的绳索纹及葡萄叶纹与法门寺的出土品都极为相似,使人不得不承认,法门寺的刻纹玻璃盘与内沙布尔的玻璃盘属于同一来源。

此外,柏林国家博物馆伊斯兰部也收藏有一批来自伊朗内沙布尔的刻纹蓝玻璃残片和一件破碎后复原的刻纹蓝玻璃钵。内沙布尔在9世纪以后是伊斯兰的重要玻璃制造中心之一,也是东西贸易的商业重镇。

法门寺出土的6件玻璃盘均完好,图案华丽,特别是两件描金刻纹玻璃盘,填补了我们对伊斯兰玻璃认识的空白。这批刻纹玻璃盘是唐僖宗的供奉品,咸通十五年(874年)正月藏入地宫,地宫物账上的记录,为这批艺术瑰宝增添了历史价值和学术价值。

印花直筒杯(见图31)1件,高8.2厘米,无色透明,直口,尖唇,深腹,平底

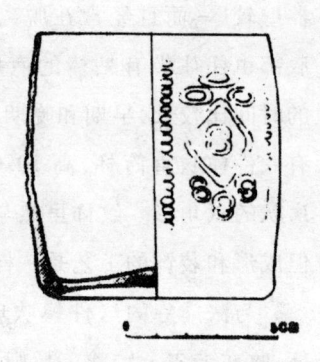

图31 陕西扶风法门寺唐地宫出土的伊斯兰印花玻璃杯

微上凸，外底部有粘棒疤痕，腹壁稍外鼓。壁面装饰 5 组花纹，每组中间为菱纹，菱纹内饰双环纹，菱纹上下各饰 3 组双环纹，两组花纹之间以两竖行扁联珠纹相隔。

从这件玻璃杯的纹饰来看，它是经过模制印花的。杯子的器形不太规整，腹壁稍外鼓，应当是在吹管挑起料泡、吹成较小的玻璃泡时放进模子，印上纹饰后，脱模修整杯口的。

筒形杯是伊斯兰玻璃的常见器形，美国纽约大都会博物馆在伊朗内沙布尔发掘时，曾发现多件 8～9 世纪的筒形杯，但都是素面。我国稍晚的河北定县北宋 5 号塔基中也出土了两件素面的筒形杯。

模吹印花的技术，也是伊斯兰玻璃匠从罗马帝国同行那里继承下来的。和罗马时期一样，他们的模子仍然是用黏土或木头制作，不同的是伊斯兰的模吹玻璃器的器壁较厚，而且经常在脱离模子后继续一段无模吹制，底部也往往带有粘棒的疤痕。伊斯兰的模吹玻璃流行的时间比较长，早期和晚期都有。纽约大都会博物馆藏有一件模吹直筒杯，高 10.08 厘米，腹部和底部印满蜂房状的六角形。纹饰虽然与法门寺的这件直筒杯不同，但成形和装饰的工艺是一样的。

与法门寺的这件模吹玻璃杯十分相似的一件玻璃杯，收在卡尔·约翰·拉姆的《近东中世纪玻璃和石雕》一书中。该杯高 6.5 厘米，直口，深腹，腹壁稍外鼓。腹壁模压的纹饰与法门寺直筒杯的纹饰相似，在菱形纹内有同心椭圆，菱形纹外的上方饰 3 组同心椭圆，在每组花纹之间,以竖行的扁联珠纹相隔。不同的是,拉姆的这件杯子还用了"V"字纹和7个圆形组成的花朵纹。拉姆认为这件杯子产于9世纪的埃及或波斯。

法门寺出土的这件模吹印花直筒杯为伊斯兰玻璃中的常见器形和纹饰,由于此类玻璃分布的地域广,流行的时间长,推测法门寺直筒杯的确切产地是很困难的,还有待将来的工作。

釉彩玻璃盘(见图32)1件,高2.7厘米,口径14.1厘米,底径11.8厘米,敞口,翻沿,圆唇,直壁,底微内凸,底外壁有粘棒疤痕,玻璃为无色透明,稍泛黄绿色,盘内壁口沿处绘有12个黑色半圆弧纹,腹壁下部绘有两周黑色弦纹,底部绘有黑色石榴纹。盘内壁除了黑色花纹外,施满不透明黄色作为底色。

图32 陕西扶风法门寺唐地宫出土的伊斯兰釉彩玻璃盘

釉料彩绘是玻璃装饰工艺的一种,一般采用易熔的玻璃,配上适量的矿物颜料,研磨成细颗粒,加上黏合剂(松节油、松香、动物胶等)和填补料混合后,涂绘在玻璃制品的表面;绘上釉料的玻璃还需放入特定温度的窑室里加热,其温度既要保持颜料层的熔点温度,又要低于被加工制品的软化点。图案中的颜料在玻璃制品表面结合并黏附,因此不易脱落。玻璃的彩绘与瓷器的彩绘工艺很接近。伊斯兰的釉彩玻璃享有世界声誉,特别是 13 世纪中叶到 14 世纪中叶生产的清真寺中用的巨大的釉彩灯,是伊斯兰玻璃中最富有艺术魅力的作品。一般认为,伊斯兰釉彩玻璃的使用是 12～15 世纪,早于 9 世纪的釉彩玻璃很罕见。笔者仅在德国柏林国家博物馆伊斯兰部收藏的内沙布尔发掘品中发现了类似的釉彩玻璃,也是在无色透明的玻璃上涂上黄色作为底色,再绘出黑色图案。

伊斯兰釉彩玻璃可能受到彩绘釉陶的影响,二者的工艺很相似,成品也有类似的效果。在伊朗的内沙布尔曾出土了一大批 8～9 世纪的彩绘釉陶,其中一些在浅黄色的器身上绘有黑色图案,口沿处绘有一圈连珠纹、三角纹或半弧形纹,与法门寺的这件釉彩盘很相似,所以法门寺的釉彩玻璃盘的原产地很可能是伊朗的内沙布尔。

由于早于 9 世纪的釉彩玻璃很罕见,而 9～11 世纪的伊斯兰玻璃中常见的是金属光泽彩绘(Lustre Painting),所以人们看到法门寺的这件彩绘玻璃盘,自然会想到它是不是金属光泽彩绘盘。

金属光泽彩绘与釉料彩绘相似,但不同的是金属光泽彩绘的颜料中用了一些特殊的金属氧化物,例如金、铜、银、铂或铋等。另一个不同是金属光泽彩绘玻璃是在还原焰里进行制作的,彩绘后再加热,大量的一氧化碳导致颜料中的金属游离出来,形成一层很薄的膜,这层膜使我们看到金属光泽。伊斯兰金属光泽彩绘玻璃中一般用金产生宝石红的颜色,用铂产生银色,用银产生草绿色。埃及的福斯塔特是9~11世纪的金属光泽彩绘玻璃的主要产地。

法门寺的彩绘玻璃盘与典型的伊斯兰金属光泽彩绘玻璃相比,颜料层厚,金属光泽不明显,所以,笔者认为它是釉料彩绘的可能性更大。当然最后的确定,还需要进一步检测这件盘的颜料中是否含有那些特殊的金属和是否形成了一层很薄的金属膜。

素面无纹饰的玻璃器皿9件,根据器形的不同又可分为4个品种。

蓝色玻璃瓶1件,深蓝色,透明度好,器壁很薄。残破严重,经修复,器形是细颈、圜底的胆形瓶子。该瓶的残片经化学成分分析,为普通的钠钙玻璃,氧化镁和氧化钾的含量较高。这种器形的瓶子在伊斯兰玻璃中并不鲜见,德国杜尔塞多夫艺术博物馆、以色列耶路撒冷伊斯兰艺术研究所和美国洛杉矶汉斯·孔的收藏中都有深蓝色的胆形瓶。我国河北定州市的北宋5号塔基中也出土过一件完整的深蓝色玻璃瓶。

蓝色玻璃盘4件,其中两件的蓝色较深,泛蓝紫色,可能是用钴作为着色剂;另外两件的蓝色稍浅,不泛紫色,可能是用铜作为着色剂。4件盘高均为2.1~2.2厘米,口径都为16厘米,都是无模自由吹制成形,外底中心部有较大的粘棒痕迹,平底稍向上凸,盘的底部和壁部都比较厚重。4件盘的口沿稍有不同,有的为直口圆唇,有的为侈口平唇。这4件玻璃盘的器形、颜色和大小都与地宫出土的6件刻纹玻璃盘基本一致,可以肯定是同一玻璃产地的产品。这种素面的玻璃盘可以进一步加工成刻纹玻璃盘,也可以作为成品使用。

侈口圈足玻璃盘两件,其中一件高2.7厘米,口径18.5厘米;另一件高2.2厘米,口径15厘米。无色透明,稍泛蓝绿色,透明度好,侈口,斜直壁,口沿外翻卷成圆唇。底部的圈足不是将玻璃条趁热缠贴上去的,而是趁玻璃在可塑的状态下用钳子夹出来的。这两件玻璃盘的壁非常薄,透明度好,但存在数个大气泡,最大的气泡长2.5厘米、宽0.4厘米,厚度甚至超过了盘壁的一般厚度。

这种侈口圈足盘的器形比较简单,伊斯兰玻璃中有类似的器形,我国唐末宋初的瓷器中也不乏这种器形,但玻璃器中还没有见到用钳子夹出圈足、上沿外翻卷成圆唇的做法。因此,这两件侈口圈足盘有必要进行成分的无损测试,以帮助确定其产地。在此暂时可归类于伊斯兰玻璃。

淡黄直筒杯两件,其中一件完整,高4.8厘米,口径9.3厘米;另一件残破复原,高4.2厘米,口径9厘米。器为淡黄色,透明度好,有小气泡。系无模吹制成形,质地较薄。直筒壁、深腹、平底,在内底上有用玻璃条缠贴的一个圆环。完整的杯子的内底圆环径5.4厘米,环条径粗0.4厘米;残损的杯子内底圆环径4.5厘米,环条径粗0.2厘米。

直筒杯是伊斯兰玻璃中的常见器形,但在直筒杯的内底缠圆环的却不多见,而且这种杯子的用途很难推测。笔者仅在柏林国家博物馆伊斯兰部的库房中见过这种直筒杯的残片,是来自伊朗内沙布尔的发掘品。

　　法门寺地宫出土的直筒杯残片的成分测定结果，与蓝色玻璃瓶残片相似，为钠钙玻璃。如果我们将它们的测试结果与伊斯兰玻璃最重要的生产中心埃及福斯塔特的玻璃相比，就会发现有较大的差别。福斯塔特产品中钾和镁的含量非常低，是用自然纯碱作助熔剂制造的，而法门寺的这两件玻璃器的钾和镁的含量都比较高。布里尔博士曾研究过阿富汗、伊朗等地的玻璃，发现其玻璃中的钾、镁含量较高，这是由于远离地中海的内陆地区不易得到北非碱湖的自然纯碱，只好用当地某种植物的草木灰作为制造玻璃的助熔剂。已测试的法门寺玻璃残片就属于内陆地区用草木灰制造的玻璃。

　　总之，法门寺地宫出土的这18件伊斯兰玻璃器的器形、纹饰、工艺和化学成分，多可以在伊朗内沙布尔的产品中找到参照物，因此可以推测这批伊斯兰玻璃有可能是从内沙布尔输入中国的一批贡品或商品。

　　江苏扬州唐代遗址出土的玻璃残片　在唐代扬州城遗址的发掘中，又发现了一批玻璃残片。这批残片虽然多不能复原成完整器物，但可以看出器形。其器形大部分是细颈球形腹的玻璃瓶，是伊斯兰玻璃中的常见器形。这批玻璃的质量相当好，无色透明，气泡也很少。玻璃的残片经过化学检测，是钠钙玻璃，镁和钾的含量都比较低，是地中海东岸的产品。

　　扬州是唐代繁荣的大都市，也是对外贸易的重要港口。阿拉伯人和波斯人来华经商的不少，扬州专门开设有波斯胡店。据《旧唐书·邓景山传》记述:"上元元年因神功大掠扬州,杀死大食、波斯胡商二千余人。"可见当时扬州的外国商人之多。在扬州唐代的居住遗址上发现伊斯兰玻璃是不足为奇的。

伊斯兰玻璃在历史上起了承前启后的重要作用。罗马帝国衰亡时,欧洲进入中世纪的黑暗时代,7世纪伊斯兰阿拉伯占领地中海东岸,拯救了已经衰败的玻璃业,使罗马玻璃的精湛技术免于失传。在以后的800年中,伊斯兰玻璃持续发展,并在15世纪将玻璃制造的技术反传回意大利的威尼斯。威尼斯便成了现代玻璃的直接祖先。

学术界早就认识到伊斯兰玻璃的重要性,但对其研究的进展却很缓慢。这是有多种原因的。第一,现今世界各大博物馆所收藏的伊斯兰玻璃的数量虽然不少,但绝大多数是传世品,这种玻璃器本身提供不出重要信息。第二,根据历史记载,伊斯兰世界的玻璃匠经常迁移,例如在开罗附近杰尼扎(音译)出土的文献中,提到了迁入玻璃匠的人数。移居的匠人在新的地方自然要生产他们原来熟悉的产品,这就不难解释为什么在不同的国家甚至在不同的大陆上,会有几种国际流行的玻璃器形和纹饰。这种历史事实使得我们寻找玻璃器的产地更加困难。第三,伊斯兰阿拉伯的贸易非常发达,玻璃器是重要的贸易商品之一,同时玻璃器又是装贮其他商品的很好的容器,因此伊斯兰玻璃分布在旧大陆的各个角落。此外,阿拉伯的海运发达,常常把半成品的玻璃料作为商品运到另一个地方去加工,在地中海土耳其的塞尔斯利马港口附近发现的11世纪的沉船上就装载了2吨玻璃料块和1吨准备回炉再生产的碎玻璃。这种情况给研究者追寻玻璃的产地增加了困难。第四,很少发现伊斯兰玻璃的作坊遗址。古代瓷窑附近总是堆集着大量烧废了的瓷器和破碎的瓷片,但玻璃与陶瓷不同,废弃的玻璃器及加工剩下来的玻璃丝头都可以回炉重新制作,因此很难发现玻璃的窑址。

伊斯兰玻璃的研究主要还是根据考古发掘的实物。迄今为止,最主要的考古发掘有以下几次。(1)1965年在对埃及福斯塔特的发掘中,发现了一个没有被扰乱的灰坑,内含两枚750年的钱币和一个年代在744～762年之间的玻璃量杯残片。这样,这个灰坑出土的玻璃器就成为8世纪中叶的标准器物。(2)在伊拉克的萨马腊发现了下限为836年的器物。萨马腊在巴格达北边,伊斯兰时期曾作过阿拔斯王朝萨拉森的都城。(3)美国、德国和日本都在伊朗高原发掘过,发现了很多重要的玻璃器,但没有发现带纪年的器物。(4)1977年美国得克萨斯大学水下考古所在塞尔斯利马发掘了一条沉船,沉船中发现了拜占庭二世的铜币和法梯米德的金币,还发现了3个年代大约是1025年的玻璃砝码,提供了沉船的准确年代。在沉船的生活舱中发现了80余件同时期的玻璃器皿,船上装载的货物是两吨熔好的玻璃料块和5万余片废旧玻璃碎片,现已拼对出来的器皿已超过500件。这一重要发现,使研究者对11世纪中叶伊斯兰玻璃有了全新的认识。

在我国唐代遗址发现的伊斯兰玻璃,特别是法门寺唐代地宫出土的伊斯兰玻璃,与世界最重要的伊斯兰玻璃考古发掘相比,毫不逊色。我国的发现为早期伊斯兰玻璃提供了年代标尺,世界上研究伊斯兰玻璃的学者都为之惊喜。

六 中国玻璃制造的世俗化

宋辽时期，中国的玻璃制造走出了宫廷作坊和寺院作坊，进入了民间。随着玻璃生产在民间的普及，人们对玻璃的错误认识逐渐得到澄清，知道了无论是国产玻璃还是进口玻璃都是人工熔制的材料。揭开神秘面纱的后果，是玻璃这种材料的身价开始一落千丈，不再受到上层社会的重视。宋辽时期的玻璃制品多出土于佛寺塔基，以透明的葫芦形舍利瓶和热塑的艺术玻璃最为典型。宋辽时期玻璃器的数量比较多，但制作工艺并没有明显进步；与此同时，西亚的伊斯兰玻璃继续输入中国，其中有高质量的玻璃精品，也有盛放香水、食品用的一般玻璃容器。

1 对玻璃认识的澄清

唐代的高铅玻璃工艺，在宋辽时期得到继承，但没有明显的发展，这与当时的人们对玻璃的认识有直接的关系。

宋代以前，中国人对玻璃的认识模糊不清，有很多错误的概念,特别是对进口到中国的西方玻璃,不少人都以为是天然宝石制成的。这种情况到宋代发生了变化。

玻璃在宋代的名称仍然以"琉璃"为主,有时称进口的玻璃为"番琉璃"。到南宋时期或最晚到元代,开始称进口的玻璃为"玻璃"。周密《武林旧事》一书中,"琉璃"和"玻璃"两个称呼都出现了,将国产玻璃做的灯称为"琉璃",如卷二"元夕":"灯之品极多,每以'苏灯'为最,圈片大者径三四尺,皆五色琉璃所成……近岁新安所进益奇,虽圈骨悉皆琉璃所为,号'无骨灯'。"同书将从阿拉伯进口的玻璃瓶称为"玻璃"。例如卷二"赏花":"堂内左右各列三层,雕花彩槛,护以彩色牡丹画衣,间列碾玉水晶金壶及大食玻璃官窑等瓶,各簪奇品。"《武林旧事》是周密于南宋灭亡之后,在元朝的统治之下,回忆南宋旧事而写作的,所写的事情主要是作者的耳闻目睹,真实准确。可见"玻璃"一词不再专指西方的一种天然宝石,而指人工熔制的玻璃材料,始于南宋或元代,一直沿用到今天。

宋代的国产玻璃还有两个很形象的名字——"药玉"和"假玉"。药是指药物和某些有化学作用的物质,药玉就是用药物制成的玉的仿制品。假玉的名字就更形象了。宋代杜绾撰的《云林石谱》记有"西京洛河水中出碎石,颇多青白,间有五色斑斓,采其最白者,入铅和诸药,可烧变假玉或琉璃用之",明确地指出"假玉"和"琉璃"都是用洛河白石加铅和药物烧变而成。

宋代程大昌《演繁露》卷三"琉璃"条对玻璃的名称、制法以及中国玻璃和西方玻璃的异同都进行了详细的论证，纠正了历史上对玻璃的错误看法。他讲琉璃就是唐代颜师古记载的流离，但颜师古没有搞清楚，西域的琉璃也是用石头铸成的，而不是自然生成的。程大昌考证古代文献，不盲从于前贤，而是从实际出发，对琉璃进行考察，从而得出正确的结论。程大昌之后，虽然还有一些人承袭颜师古的"真假琉璃"之说，但大多数人都接受了程大昌的观点，即"虽西域琉璃，亦用石铸，无自然生成者"。

对于国产玻璃，宋代的人们对其生产工艺也了解得比较清楚了。著名诗人苏轼有诗《独酌试药玉滑盏有杯诸君子明日望夜月庭佳景不可失作诗招之》："熔铅煮白石，作玉真自欺。琢削为酒杯，规摹定州瓷。"程大昌《演繁露》称这首诗为《作药玉盏诗》。从这首诗中可以看出宋代的药玉盏即玻璃酒杯，制作的原料是金属铅和白石，这两种原料经过高温熔融，做成像玉一样的材料。从这首诗中还可以看出，当时的玻璃器的器形是模仿定州的瓷器。"作玉真自欺"，反映出诗人对于用铅和白石做成玉的代用品这种自欺欺人的做法从心里看不起。

中国人自古形成的价值观和审美观都是非常重视材料本身的真实纯正，例如人们一直在追求足赤之金、无瑕之玉，而对于一些仿制材料，则不屑一顾。当宋代的人们认识到以前被看做至宝的玻璃是用一钱不值的石头之类熔制而成时,一种受骗上当的感觉油然而生。苏轼的《药玉盏》一诗反映了这种受欺骗的感觉。

宋代人们,特别是上层社会对玻璃的冷落,决定了当时不可能劳神费时,提高玻璃工艺,生产做工复杂、造型精美的玻璃器。宋辽时期的玻璃工艺虽然已经进入民间,但玻璃始终没有像西亚、欧洲那样发展成为人们日常生活的用具。这可能是由于瓷器在宋代已经成为普通家庭的饮食餐具。瓷器和玻璃器均无臭无味,便于清洗,适宜作餐饮具,但瓷器更经久耐用,经得住骤冷骤热,而玻璃器的缺点是轻脆易碎,经不住骤冷骤热。中国人的饮食文化特别偏爱热的饮食,如热茶、热汤、热菜,自然选择瓷器作为饮食具。这恐怕是历史上玻璃器没有发展成为我国日常餐具的重要原因之一。

宋代人们对玻璃的认识的澄清,是因为该时期玻璃制造业已走出了宫廷、寺院作坊,进入民间,使一般人有机会了解到玻璃的生产过程。宋辽时期玻璃制品已经成为比较常见之物,这不仅可以从考古发掘出土数量较多但质量一般的玻璃器得以证明,而且可以从传世的宋代的画上频繁出现玻璃器的画面得到反映。

宋辽玻璃器的类型和特征

宋代和辽代的玻璃器仍然多出土于佛寺塔基的地宫。宋辽的玻璃器类型主要有葫芦瓶、杯、瓶和一些仿动物与水果的玻璃观赏品。

我国出土的宋辽玻璃器皿中，数量最多的是寺院塔基里的葫芦形玻璃瓶。

河北定县 5 号塔基出土了 10 件器形相似的玻璃葫芦瓶（见图 33），颜色有蓝色透明、绿色透明、黄棕色透明、褐色透明和棕色不透明，壁多附白色风化层，器壁很薄。

图 33　河北定县北宋 5 号塔基出土的玻璃葫芦瓶

定县 6 号塔基出土了 33 件玻璃瓶，除了一个四联瓶、一个细颈瓶外，全部是葫芦瓶。它们大小不一，高 3~5 厘米，有绿色透明、棕色透明或半透明和无色透明，器壁附白色风化层。有些葫芦瓶的瓶壁印有丝织品的纹路，看不清玻璃的颜色，这可能是由于长期被丝织品包裹，又经风化腐蚀所致。

江苏连云港海清寺出土 3 件葫芦瓶，为乳白色不透明，质地脆而易碎。

甘肃灵台的宋代舍利石棺内出土 3 件葫芦形玻璃舍利瓶，其中 1 件复原后高 7.8 厘米，最大腹径 5 厘米，无色透明，泛淡绿色，口沿部缠玻璃条，凹底。器壁厚度约 0.1 厘米。另外两件未复原，一为淡黄色透明，一为淡绿色透明。

这一批宋代葫芦瓶的制作工艺基本相同，都是无模吹制，底部没有疤痕，说明未使用铁棒顶底技术。口部一般加工粗糙，器壁都很薄。

定县 5 号塔基和 6 号塔基的 8 件玻璃葫芦瓶经 X-荧光分析，全部是铅玻璃，其中一块绿色透明的残片经过化学定量分析，含铅量为 70%。甘肃灵台的葫芦瓶含氧化铅 50% 以上。

这批宋代玻璃葫芦瓶的器形、成分及工艺都说明它们肯定是国产品。

另外北京顺义县辽净光舍利塔基下的五件银盒中，每件都盛有装舍利用的葫芦瓶。葫芦瓶不知是什么质料做的，稍动即成粉状。这座塔筹划修建于辽统和二十五年（1007年），开泰二年（1013年）奠定塔基，从时间上看，与葫芦形舍利瓶流行的北宋相吻合，该辽塔出土的葫芦形舍利瓶的质料很可能是玻璃的。

玻璃葫芦瓶是宋代最流行的玻璃器，它不仅用于塔基下盛放舍利或作为供奉品，可能当时在人们的日常生活中也是常见的器物。宋代著名画家苏汉臣画的《婴戏图》（现存台北"故宫博物院"）就画有玻璃葫芦瓶。《婴戏图》上画有 8 个在庭院里嬉戏玩耍的儿童，画面中央的 3 个婴儿坐卧在床上，正专心致志地观察着两条小鱼。小鱼分别装在两只玻璃瓶里，一只玻璃瓶绿色透明，细长颈，类圆锥形；另一只玻璃瓶无色透明，葫芦形。从画面的比例来看，玻璃葫芦瓶高约 25～30 厘米，比宋辽塔基下出土的玻璃葫芦瓶要大得多。苏汉臣擅画《婴戏图》，这些画都以真实的宋代生活为题材。玻璃瓶在他的画面上出现不是偶然的，说明宋代人们的日常生活中使用玻璃瓶，而且可以看出玻璃瓶在宋代并不是十分珍贵的，否则不会供儿童玩耍用。目前的考古发掘还没有在宋代的墓葬和遗址中发现这样大的玻璃葫芦瓶，可能是由于壁这样薄的玻璃器很难保存下来，而塔基下的玻璃葫芦瓶是由于很特殊的保存环境才得以保留至今，重见天日。

定县北宋5号塔基和6号塔基各出土1件侈口薄壁碗。5号塔基出土的碗（见图34），绿色半透明，内外壁附着白色风化层，侈口，凹底，底部有疤痕。器壁厚度不足0.15厘米，高9厘米，口径15厘米。

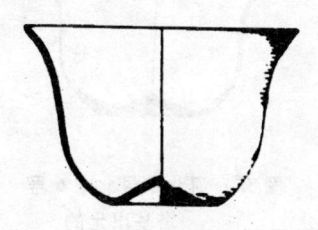

图34 河北定县北宋5号塔基出土的玻璃瓶

定县6号塔基出土的碗（见图35），淡绿色半透明，外附黄白色风化层。口外侈，六瓣花式口沿，束腰，鼓腹，凹底，底部中心有0.5厘米长的疤蒂，可能是采用铁棒顶底技术后留下的疤痕。壁厚不足0.15厘米，高9.9厘米，口径16厘米。

这两件碗的工艺相同，都是无模自由吹制成形。成形后底部粘在铁棒上，进行剪口、烧口，并用钳子将口沿夹成侈口或花式。

两件碗经 X - 荧光分析，都是铅玻璃，并含少量的铜，两碗着上漂亮的绿颜色，是氧化铜的作用。

这种凹底、侈口花式口沿的碗，在国外没有发现过。碗的尺寸较大，但器壁很薄，不易运输，玻璃碗的制造地点，应当离定县不远。碗底留下的疤蒂很长，说明采用铁棒顶底技术并不纯熟。花式口沿可能是受北宋瓷器的影响。

定县北宋塔基出土的这两种玻璃碗在宋代也很流行。台北"故宫博物院"保存的一幅《宋人观音大士》轴画上，观音大士的左手托一侈口玻璃碗，透过碗壁依稀可见碗内的植物叶子。画上的玻璃碗与定县5号塔基出土的玻璃碗几乎一模一样。

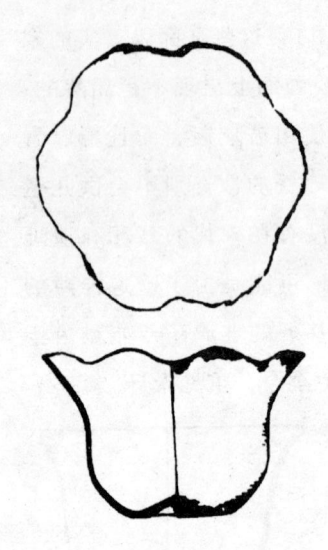

图35 河北定县北宋6号塔基出土的玻璃碗

苏轼《作药玉盏》诗中的药玉盏是玻璃酒杯，器形大概与定县北宋塔基出土的玻璃碗相差不远。此外，苏轼还有一首《二月三日点灯会客》诗，其中有这样的诗句："试开云梦羔儿酒，快泻钱塘药玉船。"子仁注释这句诗说："药玉船盖以药煮石而似玉者也，可作酒杯。"苏轼说的"药玉船"，很可能是指在钱塘江一带生产的玻璃杯，杯的深度较浅，类似船的形状。日本奈良正仓院保存下来的一件8世纪的绿玻璃十二曲长杯，是仿制西亚银器的高铅玻璃，很可能是在中国制造的。

如果我国宋代还继续生产这种器形的玻璃，称呼这种玻璃十二曲长杯为"药玉船"是再合适不过的了。

宋辽时期佛教塔基出土的玻璃瓶除了葫芦形瓶外，还有两种器形的玻璃瓶，一种是细长颈、球形腹的瓶子；另一种的瓶口较粗，颈较短，类似罐式瓶。

定县北宋5号塔基出土的两件（见图36）长颈瓶，一件无色透明，高8厘米，最大腹径4.5厘米，颈部缠一条玻璃凸弦纹作为装饰。另一件为绿色透明，高6.5厘米，最大腹径3.7厘米。定县北宋6号塔基也出土玻璃长颈瓶两件，由于瓶子外部裹有丝织品，玻璃本身的颜色看不清楚。一件高3.7厘米，最大腹径3.4厘米，口部缠玻璃条为口沿。另一件高4.9厘米，最大腹径3.6厘米，颈部偏上部分也缠一条玻璃凸弦纹为装饰。苏汉臣《婴戏图》中的长颈瓶也应属于这种类型，只是器形大于塔基出土的玻璃瓶。

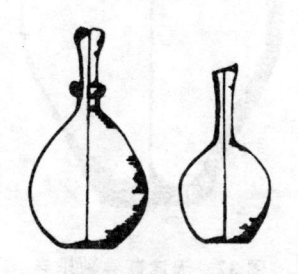

图36 河北定县北宋5号塔基出土的长颈玻璃瓶

天津蓟县独乐寺白塔（1059年）塔身中出土的银盖玻璃瓶就属于罐式瓶（见图37），直口短颈，腹部内斜收，平底，高6.9厘米，口径2.9厘米，腹径5.1厘米。瓶盖是银质的，与玻璃瓶口相匹配，看来是专门为这个玻璃瓶制作的。

宋辽时期塔基出土的这种罐式玻璃瓶是比较小的，实际生活中使用的罐式玻璃瓶就大得多。台湾故宫博物院收藏的宋人画十八罗汉图中，第一阿迎机达尊者在诵经，他的弟子半蹲跪着往一个花瓶里插放供养的莲花。花瓶的器形与蓟县独乐寺辽塔出土的罐式瓶一样，只是体积较大，从画面上的相对比例来看，可能有40厘米高；瓶壁透明，莲花的枝茎透过瓶壁可以清晰地看到。这样大的透明花瓶，肯定是玻璃花瓶。

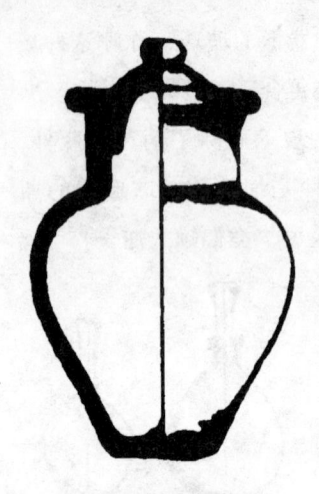

图37 天津蓟县独乐寺白塔出土的辽代罐式玻璃瓶

宋代人对玻璃花瓶相当钟爱。南宋周密写的《武林旧事》提到，高宗幸张府，清河郡王张俊进奉白玻璃圆盘子一，玻璃花瓶七，玻璃碗四。一次进奉给宋高宗七件玻璃花瓶，数量可谓不少。来源于佛教的插花艺术，最迟在宋代也流行于世俗，而且用玻璃瓶插花特别受到重视，因此有了"玻璃花瓶"的专门术语。自宋代以来，玻璃瓶插花艺术经久不衰，流行至今。

净瓶是佛前的一种供器，用于盛放奉佛之水。唐宋时期流行瓷制净瓶，器形也与一般日用的瓶子有所不同，都是细长颈，上部有直立的细长圆管为瓶口，在颈和口之间有凸起的圆盘，瓶的肩部一侧附上翘的短流。宋代以佛教为题材的画中又开始出现玻璃净瓶的画面。南宋画家牧谿的《观音图》（日本大德寺藏）上有一个插有柳条的玻璃净瓶。瓶子的形状与瓷器净瓶一样，只是没有肩部的流。这种玻璃净瓶目前还没有发现实物，也许有可能在今后的考古发掘中出土。

宋辽时期的玻璃观赏品数量明显增多，主要有玻璃动物、玻璃瓜果和玻璃灯等。

河北定县5号塔基曾出土一串玻璃葡萄。每粒葡萄都用深棕色的玻璃吹制而成，再用金属丝将葡萄粒缀连起来。这串玻璃与真的紫葡萄颜色、大小完全一样，足以乱真。看到这串葡萄，不能不赞叹我国宋代匠人的创造才能。

河南密县北宋三色琉璃塔（999年）的玻璃器出土数量比较多，能看出器形的约50件，其中有不少是观赏品。一件玻璃宝莲形物为红棕色半透明，壁薄如纸，仅0.02厘米，内外壁附暗灰黄色的风化层，部分风化层呈金色。其器形如莲花的花蕾，又似瓜棱罐，腹部有八条瓜棱，顶部（或底）有圆形凸起，器形工整，有可能是有模吹制。这么薄的花蕾形玻璃，肯定不是实用器，而是观赏品。数件玻璃蛋形器均为黄棕色，壁薄如纸，如鸭蛋大小，一端有孔，与隋代李静训墓的蛋形器的器形、工艺完全一样。经检验为铅玻璃。

河南密县北宋三色琉璃塔出土的最出色的玻璃观赏品是玻璃鹅，系用淡绿色透明玻璃热塑而成，造型简洁，但抽象生动。艺术家抓住鹅引颈长鸣的一瞬间，进行造型，作品不追求形似，但栩栩如生，非常传神，有中国写意画的效果。

我国正月十五的灯节，是能工巧匠大显身手之时。

玻璃晶莹透明的特性,用来做灯,胜于绢纸之类。《武林旧事》记载的南宋时期从苏州进贡的"苏灯"和从新安进贡的"无骨灯"都是用玻璃为主要构件的玻璃灯。该书还描述了两种玻璃灯:"禁中尝作琉璃灯山,其高五丈,人物皆用机关活动,结大彩楼贮之……又有幽坊静巷好事之家,多设五色琉璃泡灯,更自雅洁,靓妆笑语,望之如神仙。"遗憾的是,这些漂亮的南宋玻璃灯都没能保存下来。

从已经作过化学检测的10余件宋代的玻璃残片的化学成分,可以看出宋代玻璃继承了唐代高铅玻璃的传统,是以金属铅和石英砂为主要原料熔制的。与唐代高铅玻璃相比,宋代玻璃中的氧化铅的含量有所下降,氧化钙和氧化钾的含量明显增多。特别引起人们重视的是约有半数以上的玻璃样品含有10%左右的氧化钾,属于铅、钾、硅系统的玻璃。

赵匡华研究了唐代之后的炼丹术,认为"制造铅丹、黄丹的工艺自唐代以后从初始的炒铅法进步到硝石法或硝黄法,即以金属铅加硝石(KNO_3)或再加硫黄一起合炒制作。唐代中期炼丹术专著《丹房镜源》最早记载了这种'硝黄法'。"用这种新的工艺所得到的黄丹中含有大量的硫酸钾(K_2SO_4),用来炼制玻璃就会得到铅、钾、硅体系的玻璃。

宋辽时期的玻璃制造技术没有明显的进步。玻璃器的成形方法多采用无模自由吹制法,少数采用铸造成形法。玻璃器成形后的进一步装饰一般比较简单,多采用缠玻璃丝的热加工法,很少采用冷加工的磨琢工艺。

宋人程大昌在《演繁露》中对宋代的玻璃器作了很中肯的总结："然中国所铸有异于西域者，铸之中国则色甚光鲜，而质则轻脆，沃以热酒，随手破裂；至其来自海泊者制差朴钝，而色亦微暗，其可异者，虽百沸汤注之，与磁银无异，了不损动，是名番琉璃也。"宋代国产玻璃"色甚光鲜"，是由于氧化铅可以提高玻璃的折射率，铅玻璃的折射率高于西方的钠钙玻璃，而且宋代玻璃常常加有金属氧化物作为着色剂，制成翠绿、天蓝、乳白色的玻璃，色彩比进口的要艳丽。宋代玻璃"质则轻脆"、不耐寒暑的原因，除了原料上的差异外，还可能是由于没有退火。玻璃在成形过程中，内外层总存在着一定的温度差。这种温度差在玻璃制品中形成相应的应力。由于局部的、不均匀的应力的存在，使得制品的强度减弱。退火的目的就是使制品内的应力减小到可以容许的程度。从宋代国产玻璃器皿多薄壁器，可以推测我国当时还没有很好地掌握退火技术。

宋代的艺术玻璃比隋唐时期有较大进步，玻璃瓜果等观赏品比隋唐时期做得更逼真，玻璃动物又往抽象、神似的方向发展。玻璃可配制出不同颜色、不同透明度、五彩缤纷的材料，其可塑性强的特性吸引着玻璃工艺师创造出各种玻璃观赏品。中国人自古以来就喜爱用玉石、彩石雕成的花鸟鱼虫作为小摆件，用玻璃制成的观赏品，色彩艳丽，艺术性强，造价低廉，很容易被普通百姓接受。中国的艺术玻璃自隋唐开始，一直持续到今天。玻璃鸟兽、玻璃花盆景等艺术品至今还是我国出口到东南亚和欧美各国的主要传统工艺品之一。

3 伊斯兰玻璃的继续输入

伊斯兰玻璃匠继承罗马玻璃的工艺，经过近200年的实践，到10世纪以后，已经形成自己独特的风格，特别在玻璃的装饰工艺方面有所突破，超过了罗马玻璃。光彩夺目的釉料彩绘玻璃和高透明度的浮雕玻璃是伊斯兰玻璃艺术发展的顶峰。阿拉伯人是天才的善于经商的民族，他们借助航海技术的发达，直接将贸易做到旧大陆的各个角落。中国一直是阿拉伯伊斯兰世界的重要贸易伙伴。近年来，发现了不少宋辽时期的伊斯兰玻璃器。

从文献记载来看，我国宋代进口伊斯兰玻璃的数量相当可观。《宋会要辑稿》的历代朝贡中，多次记载了玻璃器的进口，仅南宋淳熙五年（1178年）正月六日三佛齐国一次就进贡了200多件玻璃器："三佛国进贡……琉璃一百八十九事：观音瓶十、青琉璃瓶四、青口瓶六、润口瓶大小五、环瓶二双、口瓶二、净瓶四，又瓶四十二、浅盘八、方盘三、圆盘三十八、长盘一，又盘二、渗金净瓶二、渗金劝杯连盖一付、渗金盛水瓶一、屈卮三、小屈卮二、香炉一、大小罐二十二、大小盂三十三、大小碟四、大小蜀葵碟、小圆碟一；番糖四琉璃瓶共十五斤八两，番棘三琉璃瓶共八斤，栀子花四琉璃瓶，共一百八十两……。"据冯承钧考证，三佛齐国位于苏门答腊岛。《诸番志》对三佛齐国的物产有记载，并记载该国大部分物产来自大食，即来自阿拉伯伊斯兰世界。

考古发掘出土的宋代伊斯兰玻璃器可分为3类：高级玻璃容器、普通玻璃容器和伊斯兰玻璃原料运到中国后加工成形的容器。

高级玻璃容器是指伊斯兰玻璃容器的精品，其玻璃质量比较高，而且造型漂亮或有装饰。前文引用的《宋会要辑稿》三佛国进贡的"琉璃一百八十九事"，可能都属于比较高级的玻璃容器。特别是那些渗金玻璃器，相当贵重。《武林旧事》中称为"大食玻璃官窑等瓶"，也是指的这种高级玻璃。考古发现的伊斯兰玻璃精品中，没有见到文献记载中的那么多的品种，可能大部分玻璃精品没能保存下来。宋代塔基、地宫保存下来的高级玻璃容器多是香料瓶。

玫瑰油在宋代称为蔷薇水，是一种比黄金还要昂贵的香料，产于地中海东岸。《宋史·占城国传》："显德中，其王释利因德漫遣其臣蒲诃散贡方物，有云龙形通犀带、菩萨石，又有蔷薇水洒衣经岁不歇，猛火油得水愈炽，皆贮以琉璃瓶。"《太平寰宇记》卷一百七十八也记有："世宗显德五年，其（占城国）王释利因得漫遣其臣薄诃散等来贡方物。中有洒衣蔷薇水一十五瓶，言出自西域，鲜华之衣，以此水洒之，则不黦而馥，郁烈之香，连岁不歇。"南宋蔡绦《铁围山丛谈》卷五也记有："大食国蔷薇水虽贮琉璃缶中，蜡密封其外，然香犹透彻，闻数十步，洒着人衣服，经十数日不歇也。"我国唐代的贵族社会就流行着使用香料，这种风气到宋代仍然盛行不衰。陆游的《老学庵笔记》就描述了贵族妇女使用香料招摇过市的情景："京师（开封）承平时，宗室戚里，岁时入禁中。妇女上犊车，皆用二小鬟持香球在旁，而袖中自持两小香球，车驰过，香烟如云，数里不绝，尘土皆香。"宋代贵族对香料的追求，必然促进西亚蔷薇水的进口。蔷薇水的价值可与黄金相比，因此盛放蔷薇水的玻璃瓶也都选用很高级的玻璃，精工细作，艺术价值很高。

我国宋代遗址出土的3件刻花玻璃瓶都是盛放蔷薇水的瓶子。

河北定县北宋5号塔基中出土一件刻花玻璃瓶，高9.9厘米，最大腹径6.8厘米，底径6厘米，泛淡黄色，光洁无锈，透明度好，细颈，折肩，筒形腹，平底，颈部、腹部和底部都刻有几何形花纹（见图38）。这只刻花瓶的器形和几何形的刻花纹饰都是10世纪伊斯兰玻璃的流行式样。德黑兰考古博物馆现存乃沙不耳

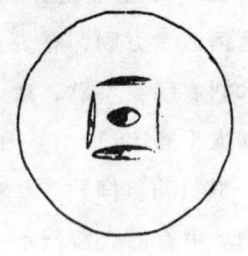

图38 河北定县5号塔基出土的伊斯兰刻花玻璃瓶

出土的 10 世纪的水瓶，器形和纹饰都与定县 5 号塔基出土的刻花玻璃瓶相似。

相似器形及工艺的刻花玻璃瓶我国还出土了两件。一件出土于浙江瑞安慧光塔，高 9 厘米。该塔兴建年代为 1034 年。另一件为安徽无为舍利塔基出土，高 12.5 厘米，口径 4.6 厘米，底径 7.3 厘米。该塔建年是 1036 年。我国出土的 3 件刻花玻璃瓶中，定县玻璃瓶年代最早，器形也较大。

河北定县 5 号塔基还出土了一件玻璃瓶（见图 39），高 17.6 厘米，最大腹径 9.6 厘米，深蓝色，透明，内外壁都光洁如新。其器形比较特殊，细颈，长球形腹，圜底，不能立置，颈部有旋转的纹路，爆口，未经进一步加工。此瓶为无模自由吹制成形，似为玻璃器的半成品，有待进一步加工，但是这种深蓝色的细颈长球形腹的瓶子在伊朗 9～10 世纪的乃沙不耳遗址内多次发现，我国陕西扶风法门寺唐代地宫中也出土一件这样的玻璃瓶。

这种深蓝色的胆形玻璃瓶虽然没有纹饰，但玻璃的质量特别好，用氧化钴作着色剂，玻璃的深蓝色中泛紫，非常漂亮，属于伊斯兰

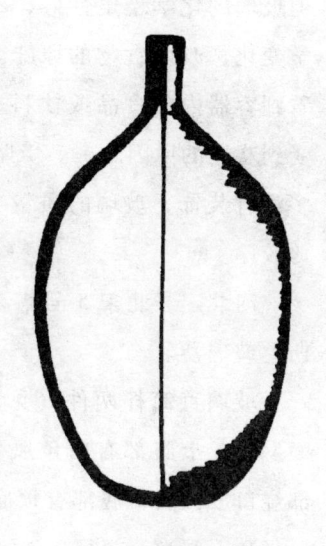

图 39　河北定县 5 号塔基出土的伊斯兰玻璃瓶

玻璃中的精品。这种瓶子很可能还是盛放香料的玻璃瓶。台北"故宫博物院"收藏的《宋人画十八罗汉》中第十七嘎马尊者前立一童子,右手持一玻璃瓶,细颈小口,长球形腹,形状与河北定县 5 号塔基出土的玻璃瓶很相似。透过半透明的玻璃壁,可以看到瓶内装有大半瓶液体,瓶口外香烟缭绕。这种玻璃瓶是盛放香料的容器,在这幅宋人画上表现得非常清楚。

伊斯兰玻璃中的普通玻璃容器是指阿拉伯人日常生活用的器物,主要是餐具和贮藏器。早在罗马帝国时期,由于玻璃吹制技术的发明和推广,大大降低了玻璃器的成本,玻璃容器开始成为地中海沿岸常见的餐具和贮藏品。玻璃容器虽然没有金属品经久耐用,但玻璃的化学稳定性好,不会与盛放的食物等发生化学变化,改变食物的原味。透过玻璃壁,可以清楚地看到容器内的食品或饮料,这也是玻璃餐具和贮藏器受到欢迎的原因之一。伊斯兰玻璃中的普通玻璃容器,多没有装饰,玻璃的质量也不太高,气泡较多,器壁比较厚。

河北定县北宋 5 号塔基集中出土了一批普通的伊斯兰玻璃器。

玻璃直筒杯两件(见图 40)。一件蓝色透明,表面发乌,上腹部有白色风化层,直壁直口平底,口沿部烧口成圆唇,底部有顶底铁棒的疤痕。高 8.7 厘米,口径 9.1 厘米,腹径 9.3 厘米,壁厚 0.3 厘米。另一件为无色透明,透明度好,器形和工艺与前一件相同,只是器形较小,高 6.9 厘米,口径 7 厘米。这种玻璃直筒杯在伊朗戈尔甘的 9~10 世纪的遗址上有出土，是喝水、饮酒用的杯子。

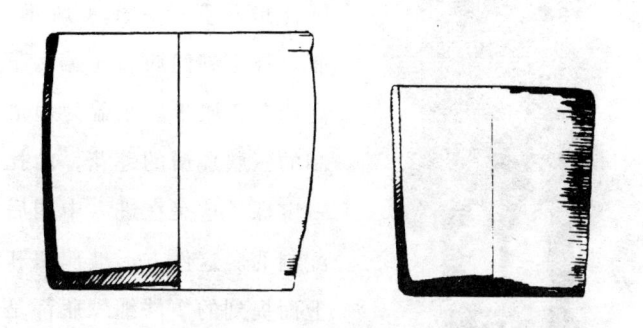

图 40　河北定县 5 号塔基出土的伊斯兰玻璃杯

细颈瓶 2 件（见图 41）。一件直颈，折肩，鼓腹，厚壁，表面较光洁，透明度好，底部有顶底铁棒的疤痕，高 7 厘米，腹径 5.8 厘米，壁厚 0.3~0.5 厘米。另一件器形与前一件相似，只是壁很薄，凹底，外壁附较多风化层。高 7.4 厘米，腹径 6.4 厘米，壁厚 0.1 厘米。

方形瓶 1 件（见图 42）。稍泛淡黄绿色，透明度

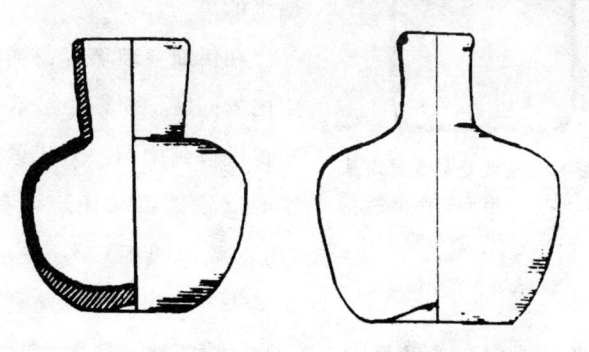

图 41　河北定县 5 号塔基出土的伊斯兰细颈瓶

好。底部正方形，边长 2 厘米，瓶身为四棱柱；瓶颈为圆柱形，直径为 1.4 厘米，瓶口被后制的瓶盖遮盖；瓶高约 5.7 厘米。瓶盖为银箔制的三层莲瓣的莲花，内托一宝珠，这是在进入中国后配制的。这件方形玻璃瓶和上面提到的 2 件细颈瓶都是西亚常见的香料瓶。

定县北宋 5 号塔基还出土一件小小的玻璃盂（见图43），无色透明，透明度非常好，侈口，平底，底部缠圈足，唇外翻，高 3.5 厘米，口径 7.6 厘米。这种器形的小玻璃盂在西亚是盛放墨水的。

在伊斯兰玻璃容器输入中国的同时，伊斯兰玻璃原料也进口到中国。宋代蔡絛撰的《铁围山丛谈》记有："时（政和四年）奉宸中得龙涎香二琉璃缶、干脆利玻璃母二大筐。玻璃母者，若今之铁滓然，块大小犹儿拳，人们莫知其方，又岁久无籍，且不知所来，或云

图 42 河北定县 5 号塔基
出土的伊斯兰
方形瓶

（银莲花盖在中国配制）

柴世宗显德间，大食所贡，又谓真庙朝物也。玻璃母诸珰以意用火煅而模写之，但能作珂子状，青红黄白随其色，而不克自必也。"这里记载的玻璃母，很可能就是半成品的玻璃料块。

图43 河北定县5号塔基出土的伊斯兰玻璃墨水盂

伊斯兰阿拉伯海运发达，常常把半成品的玻璃料块作为商品运到另外一个地方去加工成形。在土耳其西海岸塞尔斯利马附近发掘的一条11世纪中叶的沉船，船上就装载了2吨多玻璃料块和1吨准备回炉再生产的碎玻璃。海运半成品的玻璃料块是非常经济的。这样做避免了运输过程中玻璃成品的破损，而且玻璃料块往往并不占用舱位。在远洋航海中，为了保持船的平稳，经得住大风浪，往往要放一些重物压仓，而半成品的玻璃料块恰巧是非常好的压仓物。

西安西关外北宋铁塔寺中的舍利塔出土的1件蓝色玻璃碗，很可能就是用进口的伊斯兰玻璃料块制成的。这件玻璃碗（见图44）为深蓝色，半透明，表面发乌，有水平抛光的痕迹。侈口，直壁，圈足，凹底，高6厘米，口径17厘米。这件玻璃碗的器形与北宋的瓷碗器形相似，玻璃的颜色与用氧化钴作着色剂的伊斯兰玻璃非常相似。这件玻璃

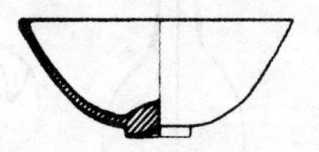

图44 西安西关外北宋铁塔寺出土的蓝色玻璃碗

碗有可能是采用伊斯兰玻璃原料，在中国制造的。

目前中国还没有发现早于宋代的玻璃作坊遗址。70年代末，新疆维吾尔自治区博物馆在若羌县瓦石峡遗址曾发现了大量玻璃残片。该遗址的年代属于宋元时期，但出土玻璃残片的房址中未发现元代遗物，调查者认为玻璃器的年代应属宋代。玻璃残片的熔制质量较差，含较多的气泡和杂质，透明度较差。玻璃的颜色有淡绿色半透明、深褐色不透明和无色透明三种。经过拼对，这些残片分属几十个容器，多为长颈凹底瓶。长颈凹底瓶（见图45）高约17厘米，口沿外侈，是伊斯兰金属器和玻璃器的常见器形。遗址上没有发现熔制玻璃的坩埚，但有不少玻璃器加工过程中废弃的玻璃丝头和玻璃料块，玻璃作坊遗址可能就在附近。瓦石峡遗址出土的玻璃残片经过化学检测，属于钠钙玻璃，钾和镁的含量比较高，与葱岭以西中亚地区的钠钙玻璃成分很相似。

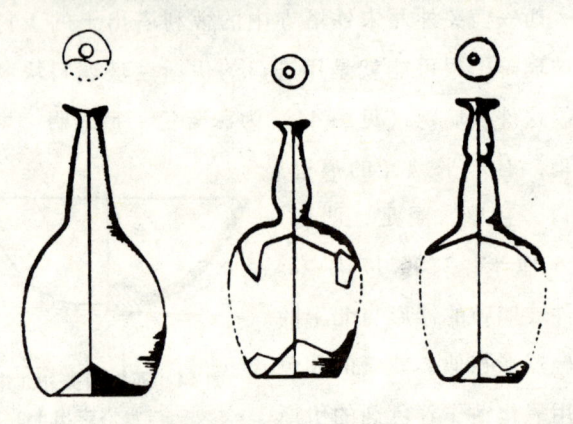

图45　新疆瓦石峡遗址出土的长颈凹底瓶

瓦石峡的玻璃残片是伊斯兰玻璃制造技术由西向东传入我国、利用我国的原料制造的。

辽代进口的伊斯兰玻璃也很多。1986年，内蒙古奈曼旗辽陈国公主、驸马的合葬墓出土了7件玻璃器皿，墓葬的年代是开泰七年（1018年），也就是说这批玻璃器的下限是11世纪初。这7件玻璃器的器形和纹饰可分为5类。

带把玻璃杯2件。1件已残。完整的1件（见图46）高11.6厘米，口径8.4厘米，深棕色透明，外表附有风化层，口微敛，器壁作圆筒状，肩部外鼓，腹部陡收，假圈足，在口和肩部连接着扁圆形把手，把手上端有圆饼状物为扳手；外底部有粘棒疤痕。残破的那件带把玻璃杯的口沿下面缠贴着七八圈深褐色玻璃丝。

图46 （左）内蒙古奈曼旗辽陈国公主墓出土的伊斯兰带把玻璃杯；（右）辽宁朝阳辽耿延毅墓延毅墓出土的伊斯兰带把玻璃杯

1976年辽宁朝阳姑营子辽耿延毅墓曾出土过两件玻璃器，其中1件就是这种带把杯（见图46），高10.2厘米，口径8.2厘米，深绿色透明，柄的上端也立1个扳手。耿延毅墓出土了墓志，记载耿延毅死于辽代开泰八年（1019年）。陈国公主墓和耿延毅墓出土的带把玻璃杯很可能是伊朗高原10世纪的产品。

刻花玻璃瓶1件（见图47）。此瓶已破碎，经复原，高25.2厘米，底径9.8厘米，无色透明，表面有风化层，宽折沿，细长颈，折肩，筒形腹，平底，颈部和腹部磨刻有几何形花纹，外底部有粘棒疤痕。

这种刻花玻璃瓶是很典型的伊斯兰玻璃。耶路撒冷的以色列博物馆收藏1件玻璃瓶，高20.5厘米，底径10.9厘米，无色透明，器形和纹饰与陈国公主墓出土的玻璃瓶几乎相同。耶路撒冷的玻璃瓶被认为是9～10世纪伊朗的产品。

乳钉纹玻璃瓶1件（见图48）。此瓶已破碎，经复原，高17厘米，口径6厘米，底径8.8厘米，无色透明，侈口长颈，呈漏斗形，

图47 内蒙古奈曼旗辽陈国公主墓出土的伊斯兰刻花玻璃瓶

鼓腹，喇叭状高圈足，腹壁饰五排小乳钉纹。值得注意的是，其花式镂空把手完全是用玻璃条堆砌起来的，看来玻璃匠充分掌握了融熔玻璃液在温度下降时由软变硬的特点，逐步堆砌起这个镂空的花式把手。

与该瓶的器形和装饰手法相似的一件器物收藏在科威特国家博物馆。其乳钉纹饰在颈部，把手也是用

六　中国玻璃制造的世俗化

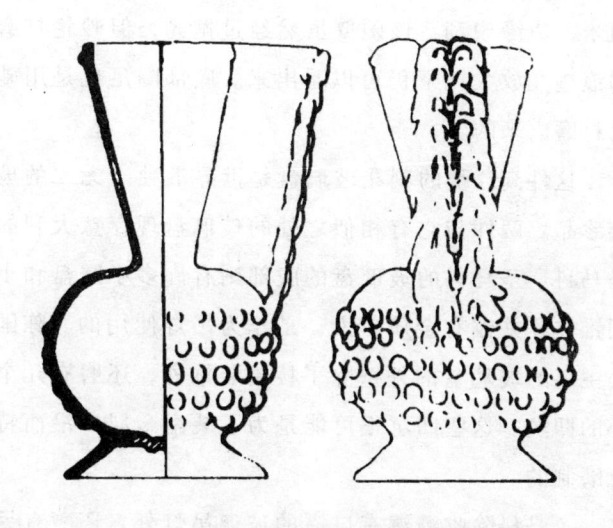

图 48　内蒙古奈曼旗辽陈国公主墓出土的伊斯兰乳钉纹玻璃瓶

玻璃条堆砌起来的。陈国公主墓的这件乳钉纹玻璃瓶很可能是埃及或叙利亚的产品。

刻花玻璃盘 1 件（见图 49）。此器口径 25.5 厘米，底径 10 厘米，高 6.8 厘米，无色透明，有风化层，敞口，弧腹，圈足，腹壁刻有一周 28 个小四棱锥装饰。因为小四棱锥都是手工用砂轮打磨出来的，各锥体的大小并不完全一样，一般高约 0.8 厘米，底部长约 1

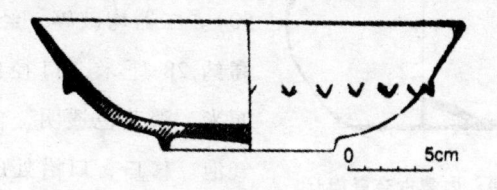

图 49　内蒙古奈曼旗辽陈国公主墓出土的高浮雕刻花玻璃盘

厘米，边缘锐利，该碗壁虽然经过抛光，但砂轮打磨的痕迹在放大镜下仍可以看出来。底部圈足也是用砂轮打磨出来的。

这件高浮雕的刻花玻璃盘是世界上独一无二的玻璃珍品。两件与它有相似之处的玻璃盘现存意大利的圣马科。圣马科的玻璃盘的腹部刻有许多小圆盘和小圆锥体，并镶有金属口沿，是作为吊灯使用的。陈国公主墓的玻璃盘的外壁除了棱锥装饰外，还磨有几个小的凹坑。这些凹坑很可能是为了装配金属口沿而特意磨制的。

圣马科除收藏镶有口沿的玻璃吊灯外，还藏有另外几件高浮雕、高透明度的玻璃器。圣马科的玻璃器是10世纪或11世纪初拜占庭的玻璃产品。

陈国公主墓的刻花玻璃盘如果真的是10世纪或11世纪初拜占庭的玻璃产品，那么它就是东罗马和辽之间存在过直接或间接的贸易联系的证据。

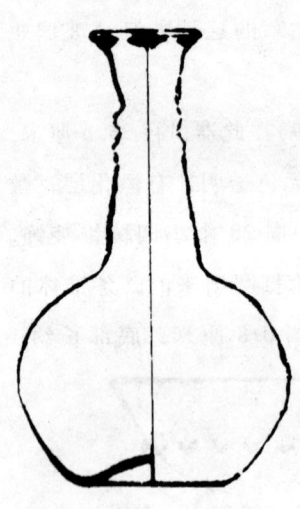

图50 内蒙古奈曼旗辽陈国公主墓出土的高颈水瓶

高颈水瓶2件（见图50）。二器均破碎，经复原，高约28厘米，口径约8.5厘米，淡黄色透明，含较多气泡。侈口，口沿处压印了5个椭圆同心圆作为装饰，椭圆的长径为3厘米，短径为1厘米。细长颈，颈部鼓起二道弦纹，鼓腹，底部内凹，有粘棒疤痕。该瓶的壁非常薄。其口沿部最厚，约有5毫米，底部厚约2~3毫米，颈部最薄，不足1毫米。这两件玻璃瓶是伊斯兰玻璃生产由西向东传播过程中的产品，很可能是中亚的产品。

1983年，天津市历史博物馆考古队在配合修复蓟县独乐寺白塔时，在上层塔室中发现玻璃器4件，其中1件刻花玻璃瓶应是伊斯兰玻璃。在上层塔室中还发现了刻有清宁四年（1058年）的石函。这样该玻璃瓶的年代下限也应是11世纪中叶。

这件刻花玻璃瓶（见图51），高26.4厘米，口径7.8厘米，颈高10.5厘米，无色透明，表面附黄白色风化层，宽折沿，细长颈，筒形腹，平底，底部有粘棒疤痕。其颈部和肩部刻有矩形、菱形和弦纹，腹部刻有弦纹。

该瓶与陈国公主墓出土的刻花玻璃瓶属于同一类型，但腹部只刻有两道弦纹，比陈国公主墓玻璃瓶的纹饰要简单。美国纽约大都会博物馆收藏一件几乎一样器形和纹饰的玻璃瓶，只是尺寸略小一点，高为22.9厘米。根据塞尔斯利马沉船

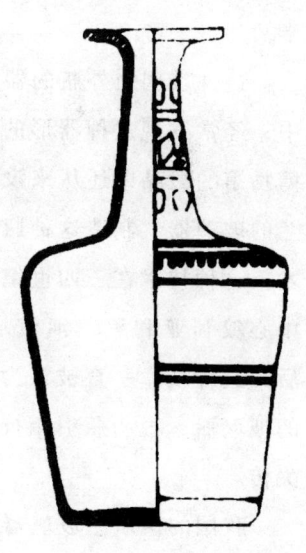

图51 天津蓟县独乐寺白塔出土的伊斯兰玻璃瓶

上发现的类似玻璃瓶，大都会博物馆刻花瓶的年代被推测为 11 世纪中叶。这个推断恰好与蓟县独乐寺出土的清宁四年石函提供的年代相吻合。

1989 年，在修理辽宁朝阳北塔的过程中，发现了几百件珍贵文物，其中一件是玻璃瓶。根据塔内发现的铭文"重熙"，可以断定塔里的文物应是在辽重熙年间放进的，即 1032～1054 年。这件玻璃瓶非常奇特，不仅配有黄金的瓶盖，而且瓶子的内部还有一个小型的带把杯。这件玻璃的外瓶为黄色，透明度很好，颈部缠有蓝色玻璃丝为装饰，瓶柄上的扳手也是蓝色玻璃。内瓶为蓝色，透明，瓶柄为金黄色，透明。外瓶总高为 16.3 厘米，内瓶高 5.9 厘米。

这件玻璃瓶外瓶的器形并不特殊，在伊斯兰艺术中，经常发现这种器形的金属和陶器。但是世界各大博物馆的藏品中还从来没有发现过这种瓶中瓶的伊斯兰的玻璃器。制造这种瓶中瓶玻璃器需要很特殊的技术。这种技术在三四世纪的罗马帝国的两个玻璃生产中心叙利亚和莱茵河流域出现过。罗马帝国衰亡之后，这种技术一直被认为失传了。辽宁朝阳北塔出土的玻璃瓶，说明瓶中瓶技术在伊斯兰时期并没有完全失传。

我国的伊斯兰玻璃器有 4 处是从辽墓或辽塔中发现的，辽与西亚的关系应引起我们的重视。《辽史》中虽有很少的一点资料提到了辽与西亚的关系，例如"天赞二年六月辛丑，波斯国来贡"，"太平元年三月，大食国王复遣使请婚，封王子班朗尹胡思里女可老为公主，嫁之"，但辽墓中出土的伊斯兰器物还是很少见，仅发现过伊朗的银器。现在发现的伊斯兰玻璃器，与原发现的一处伊朗银器，可以证实辽与伊斯兰阿拉伯有着直接或间接的关系。

七　中国玻璃制造的衰落与复兴

元明时期，玻璃器仍然不受社会重视。虽然中国玻璃制造业在民间进一步普及，但制作技术没有明显地提高，产品以不值钱的珠饰、玩具等为主，是中国玻璃制造的衰落期。与此同时，由于西亚北非的伊斯兰玻璃已经走下坡路，我国明代为防止倭寇入侵，实行海禁，进口到我国的西方玻璃器的数量明显下降。这种状况到清代初年发生了戏剧性的变化。一方面欧洲威尼斯玻璃在 15～17 世纪发展到顶峰，随着康熙皇帝废除海禁，越来越多的欧洲玻璃被销到中国。另一方面，清代以康熙皇帝为首的统治阶级上层人物喜爱玻璃器，集中了博山、广州的制作玻璃的能工巧匠，建立了清宫玻璃厂，在外国传教士的指导下，不惜工本，生产出一批融合中西艺术的玻璃精品。这批玻璃器在世界玻璃史上占有重要地位。清代宫廷玻璃厂的生产，也带动了民间玻璃技术的提高和生产规模的扩大。清代是中国玻璃制造在外国技术刺激下复兴的时代，并为玻璃进入现代社会奠定了基础。

玻璃名称的最后确立

玻璃的使用,虽然在我国已有 2500 年的历史,但称其为"玻璃"还不足 800 年。这个名称的最终确立是在清代。玻璃一词虽然早在南北朝时已经出现,但当时并不指这种人工熔制的材料,而是指某种天然宝石。大约最早在南宋,开始称西方进口的玻璃器为"玻璃"。

元代继续使用玻璃一词。陈旅《陪赵公游蒋山》诗中有"石液玻璃碧,云根玛瑙殷"句,可见陈旅把用石头化成液体制造出来的材料称为玻璃。但是,元代称这种材料为玻璃还不太普遍,比较正式的名字是"瓘玉"。《元史·百官志》记载将作院的诸路金玉人匠总管府设置"瓘玉局",是宫廷监制玻璃的机构。

明代称这种材料为玻璃更普遍了一些。高濂的《遵生八笺》和张燮的《东西洋考》都称荷兰和东南亚进口的玻璃器为"玻璃"。正史则用宋代的老名称"药玉"。明万历间成书的《明会典》记载,四品以下文武官带上所悬之佩,皆用药玉。状元的冠服中亦有药玉佩一副。明代民间更偏爱用"琉璃"一词称国产的玻璃。宋应星的《天工开物》和刘侗、于奕正的《帝京景物略》讲到国产玻璃都用琉璃一词。元代"瓘玉"的名称到明代又演变为"罐子玉",即在罐子里熔制出来的玉,是更具体、形象的名称。《格古要论》记:"罐子玉:雪白罐子玉系北方用药于罐子内烧成者。若无气眼者与真玉相似。"明代还出现了另一个玻璃的别名——硝子。这可能是由于宋代以后中国的玻璃多用硝石（KNO_3）作助熔剂，人们认识到硝石在熔制玻璃中的重要作用，因此称玻璃为硝子。巩珍的《西洋番国志》中即用硝子珠来称呼国产的玻璃珠。硝子这个名字还东传到日本，至今还在使用。明代也有人称玻璃为"料"。徐燉《徐氏笔精·料丝灯》记："料丝灯，出滇金齿者胜。……以煮料为丝、故名料丝。""料"的本意是指可供制造加工的物质，玻璃可塑性很强，一经加热就可加工成各种形状，用"料"来称玻璃正反映这种材料易加工的性质。

用玻璃一词来称呼这种先熔融后成形的非晶体无机物的最终确立是在清代。康熙三十五年（1696年），诏令建立养心殿造办处玻璃厂，该厂所生产的产品也都称为玻璃。由于官方使用玻璃一词，民间也逐渐推广使用了。清代以来，玻璃一词的词义没有多少改变。随着科学技术的发展，玻璃的品种与日俱增，已成为人们日常生活和现代科学技术的不可缺少的材料，玻璃一词的使用率也越来越频繁。

现在，玻璃一词虽被绝大多数人采用，但民间还有些地方仍然使用一些老名称。例如，山东博山自元明时期就是我国玻璃制造的中心，当地人世世代代称玻璃为琉璃。现在博山的最大的传统玻璃厂的名字叫做"博山美术琉璃厂"，其产品都是玻璃器，有玻璃花瓶、玻璃笔筒、玻璃镇纸、玻璃珠等。北京人至今还把传统的艺术玻璃称为"料器"。这是由于清代博山熔制的玻璃料块经常运到北京进一步加工成形，北京人简称这种玻璃料为"料"，加工后的产品则称为"料器"。北京料器厂的主要产品是玻璃花、玻璃动物等，远销到世界各地。

琉璃一词之所以在宋代以后逐渐被玻璃所取代，是因为以低温彩釉陶制作的砖瓦也称为琉璃。宋代李诫的《营造法式》中称釉陶瓦为琉璃瓦，可见当时琉璃瓦与琉璃并不是一种东西。但是到了元明时期，索性连砖瓦两字也省略掉了，直接称釉陶砖瓦为琉璃。这可能是由于元明时期的釉陶砖瓦的生产规模越来越大，喧宾夺主，琉璃之名最终被釉陶砖瓦所夺。

玻璃名称的演变

时代	主要名称	次要名称
战国	璆琳？	陆离？
汉代	流离？璧流离？	阳遂？隋珠？铸玉？五色之玉？
魏晋南北朝	琉璃	水精、夜光璧？
隋唐	瑠璃	水晶、五色玉？瑟瑟？玉泉、真白
宋	琉璃、药玉	番琉璃、假玉、玻瓈？
元	瓘玉、琉璃	玻瓈
明	药玉、琉璃	玻瓈、罐子玉、硝子、料
清	玻璃	琉璃、料器

玻璃这种材料在我国历史上有过多种名称，随着时代的推移，名称也在改变。直到清代，玻璃一词才最终确立为指这种用石英砂、石灰石、纯碱或氧化铅熔化、成形、冷却的材料的专用名词。我国历史上玻

璃有这么多的名称,是世界其他国家语言中没有的现象。玻璃名称的演变,反映了我国玻璃生产的兴衰,也反映了历史上人们对玻璃材料认识和重视的程度。

元明玻璃制造的衰落

元代已设立了制造玻璃的官办作坊。据《元史·百官志》载,将作院的诸路金玉人匠总管府设置"璀玉局",专门负责监制宫廷用的玻璃器。"璀玉局"的主管官员只有从八品,是很低微的官衔,由此可见玻璃器的生产规模不大。

元代墓葬中出土的玻璃器数量不多。甘肃漳县徐家坪元代汪世显家族墓第20号墓出土一套玻璃莲瓣托盏,非常精美。玻璃为天蓝色,半透明,颜色鲜亮纯正,富有光泽。玻璃托盏都是有模吹制成形,成形后边缘部经过打磨抛光,器形非常规整。玻璃盏高4.8厘米,口径8.6厘米,口沿为七瓣莲花式;托高1.0厘米,口径12.5厘米,口沿为八瓣莲花式。汪世显是元代的高官大族,第20号墓的埋葬年代是大德十年(1306年)。这样精美的玻璃托盏应该是元代官办作坊的产品,代表着元代玻璃的最高水平。

苏州元末张士诚之母曹氏墓中出土大量的玻璃珠和1件玻璃圭。圭本是一种玉器,长条形,上端作三角形,是古代贵族朝聘、祭祀、丧葬所用的礼器。这件玻璃圭是玉圭的代用品,颜色也与白玉相似,白色,不透明,长42.5厘米,下宽6.8厘米,上宽6.5厘米,是目前所知最大的元代玻璃器。这种作为礼器的玻璃圭也应该是元代"瓘玉局"的产品。有趣的是,"瓘玉局"的"瓘"字的原意就是裸圭,当初元代设立"瓘玉局"可能主要是为了生产玻璃礼器。

美国纽约大都会艺术博物馆亚洲艺术部收藏着1件元代玻璃碗。这件玻璃碗为天蓝色,半透明,侈口,小圈足,高7.5厘米,口径16厘米。这件玻璃碗是美国人纳赫曼(Nahman)20世纪初在埃及开罗的古董市场上买到的,1926年将其捐献给纽约大都会艺术博物馆。由于是在开罗买到的,博物馆先将这件碗收藏在埃及艺术部;后经埃及艺术专家们的鉴定,断定其产地不在埃及,它又被转送到希腊罗马艺术部。但希腊罗马艺术部的学者们同样觉得这件碗很奇怪,因为在众多的罗马玻璃器中从来没有发现过类似的玻璃碗,便又把它送回埃及部。因为不知道这件碗的产地,只好让它躺在埃及部的库房中,直到1989年,亚洲艺术部的主任屈志仁先生偶然见到这件玻璃碗。屈先生是中国瓷器专家,发现这件玻璃碗的器形很像中国宋元时期的瓷碗。他又与中国国内学者讨论,得知这件玻璃碗的颜色和质量与甘肃漳县元代汪世显家族墓出土的玻璃莲花托盏几乎一样,都是松石蓝,半透明。为了慎重起见,大都会博物馆实验室从这件碗的底部取出少许样品,进行化学成分检测,发现其玻璃成分与罗马、伊斯兰玻璃不同,但与山东博山元末明初的玻璃成分相似,从而可以确定,这件漂亮的玻璃碗是中国元代制造的,于是这件碗名正言顺地转到大都会博物馆的亚洲艺术部。中国元代的器物在埃及开罗附近发现并不奇怪。在开罗市东端阿斯巴尔清真寺附近的山丘上,散布着大量优质的南宋、元代的龙泉青瓷,证明宋元时期中国与北非和东非保持着海路交通的通畅。然而由于中国古代玻璃制造很少被人了解,这件玻璃碗的产地,很多学者经过半个多世纪的努力才搞清楚。

现在知道的元代玻璃器都是不透明或半透明的,看来元代玻璃比较注重仿造玉石、绿松石等不透明的美石。从保存下来的元代绘画来看,元代也喜爱透明程度很高的玻璃器。纽约大都会艺术博物馆收藏着一幅元代王振鹏的《仕女图》。图上仕女的左手举着插满鲜花的玻璃碗。玻璃的透明程度很高,透过碗壁,花的枝干和碗背后的手指都清晰可见。画上玻璃碗的形状与该馆收藏的元代玻璃碗很相似。美国纳尔逊艺术陈列馆收藏着元代颜辉的《柳瓶观音像》,在观音的右侧,放着一个玻璃杯,杯中放一个玻璃净瓶,净瓶内插有柳条。玻璃杯和玻璃净瓶的透明程度都非常高。这种高透明度的元代玻璃器有可能在今后的考古发掘中发现。

1982年,山东博山发现了元末明初的玻璃作坊遗址。这是我国第一次发现生产玻璃的遗址。在大约400平方米的范围内,发现了一座熔炼玻璃料的方形大炉和21座加工玻璃的小炉,玻璃炉分布密集,排列整齐。从小炉遗迹中出土的遗物分析,每座小炉主要生产一种产品,有的生产玻璃珠,有的加工空心玻璃簪。

遗址内发现不少玻璃炉的炉具、玻璃料块、制造玻璃的矿石、制造玻璃器后剩余的玻璃丝头和玻璃器。玻璃器多为半透明和不透明，有绿色、浅绿色、蓝色、浅蓝色、乳白色、白色、黄色、琥珀色、红色和黑色。博山生产玻璃已有很长的历史，文献资料中有很多这方面的记载。明嘉靖《青州府志》记载，颜神镇出产各种玻璃成珠、穿灯屏、棋局、帐钩等。康熙四年成书的《颜山杂记》，作者孙廷铨是山东博山人。书中记载，博山望族孙氏为玻璃世家，自明代洪武初年即入内宫匠籍，"应内宫青廉，造珠灯、珠帘，供用内廷"。

博山玻璃作坊遗址出土的玻璃样品经过化学检测，与一般西方的钠钙玻璃不同，也与我国早期玻璃不同。博山元明时期的玻璃不含铅，或只含少量的铅，而氧化钾的含量一般超过10%，同时氧化铝和氟的含量也比较高。元明时期博山的玻璃配方没有保存下来，《颜山杂记》详细地记载了清代初年的玻璃配方。将清代的配方与元明玻璃成分进行比较，发现两者基本一致，也就是说，元明的玻璃配方一直沿用到清代。清代博山玻璃的配方主要是硝、马牙石、紫石和凌子石等。硝，即硝石，主要成分是硝酸钾（KNO_3），鲁北黄河、小清河沿岸低湿地区即有出产；马牙石是当地的名称，可能是石英石或长石类的矿石，主要成分为二氧化硅和氧化铝；紫石也是当地的名称，很可能是萤石（CaF_2），产于博山城南；凌子石有可能是白云石（$CaCO_3 \cdot MgCO_3$）。玻璃中的氧化钾含量高是由于大量使用硝石作为助熔剂，氧化铝是由长石类的矿物引入，氟则是因以萤石为乳浊剂。这几种熔制玻璃的原料，在博山附近有丰富的资源，可以说，博山玻璃配方是很有地方特色的。

元明时期博山玻璃作坊的产品，主要是簪、珠、环等。这些产品社会消费量大，使用范围广，可以看出元明博山玻璃制造已经形成了较大的商品生产规模。博山玻璃颜色纯正，半透明的莹润透亮，不透明的质如凝脂，反映当时玻璃熔制水平还是比较高的，但其产品种类少，制作工艺比较简单。

博山玻璃作坊遗址没有发现较大的玻璃器，但在明代寺院遗址曾出土过质量比较好的玻璃容器。北京护国寺西舍利塔出土了一套菊瓣式玻璃碗、盘。均白色，半透明。碗高约5厘米，口径约12.5厘米；盘高约2厘米，口径约23厘米，口沿均为葵口24瓣。北京天宁寺出土一件玻璃盘，为深蓝色，半透明，口径21.7厘米。北京出土的这几件玻璃容器都是模铸成形，成形后口沿部和花瓣处经过磨琢抛光，与元代的玻璃工艺相似。

从明代的文献来看，玻璃器的品种很多。刘侗、于奕正同撰的《帝京景物略》，详细地记载了明代北京的景物，其中也记载了玻璃器："东之琉璃厂店，西之白塔寺，卖琉璃瓶盛朱鱼，转侧其影，小大俄忽。别有衔而嘘吸者，大声唷唷，小声哞哞，曰'倒掖气'。"玻璃鱼瓶自宋代就开始流行。玻璃瓶透明，用玻璃瓶盛放金鱼，观者可以透过瓶壁看到金鱼嬉戏，其乐融融。自宋代以后，玻璃瓶价值不高，即使破碎了损失也不大，所以玻璃鱼瓶流行至今，仍不衰落。"倒掖气"，是一种玻璃制的玩具，像个漏斗形的瓶子，瓶壁极薄，特别是底部，厚不足1毫米。当人们用嘴在瓶口有节奏地一呼一吸时，瓶的底部就随之振动，发出清脆的呼呼声。这种玻璃玩具很受孩子们的欢迎。清代的博山也大批量地生产这种玩具，《颜山杂记》中称之为"响器"。直到60年代初，春节时北京的厂甸和白塔寺的庙会还有卖这种玻璃玩具的。"倒掖气"在明末清初还东传到日本，东京国立博物馆藏有18世纪喜多川歌麿画的《妇女人相十品》，其中的一幅就是一位妇人在吹玻璃响器。吹这种玻璃响器需要有一定的技巧，用力过猛器物就会破碎，所以其价钱应该不贵，否则儿童们玩不起。

保存下来的明代绘画远远超过宋代绘画，但明代绘画上玻璃器皿的画面却少于宋代，原因之一可能是由于明代的玻璃容器多不透明，很难在画面上表现出玻璃的质感；另一个更重要的原因是明代玻璃已在民间普及，而且价值很低，文人士大夫们不再热衷于在画面上表现玻璃容器了。

目前国内的考古发掘中还没有发现明代进口的西方玻璃器。从明代的文献来看，还是有一些外国玻璃器进口到中国的。张燮的《东西洋考》记载红毛番（荷兰）产玻璃器，还记载万历三十二年（1604年）荷兰商船为了打进中国市场，向福建税监宦官高寀的亲信周之范行贿，贿赂的财物中就有玻璃器。《东西洋考》还记载了明万历四十三年进口货物抽税的情况，其中有："青琉璃笔筒,每个税银四厘五毫。白琉璃盏,每个税银四厘。琉璃瓶,每个税银一分。"明末高濂的《遵生八笺》记录了输入到广州的外国玻璃器皿的形制、颜色,其中有白缠丝、鸭绿、天青、黄锁口的瓶、酒盅、高罐、盘、盂、高脚劝杯等,但他对这些玻璃器的评价却不高:"又若玻璃窑,出自岛夷,惟粤中有之,其制不一,奈无雅品,惟瓶之小者有佳趣。"如果说宋代的文人雅士,随着玻璃制作的神秘面纱的掀开,开始冷落国产的玻璃器,但对进口的西方玻璃器还抱有好感,那么到了明代,文人士大夫连进口的玻璃器也看不上眼了。高濂对进口的玻璃器的评价也许是有道理的。1401年蒙古军队攻下叙利亚的大马士革,破坏了伊斯兰玻璃制造中心,并将玻璃工匠掳到中亚的撒马尔罕,伊斯兰玻璃从此一蹶不振,只生产普通的生活用品玻璃,已没有高质量的玻璃制品。

明代玻璃史上的一件大事是,国产玻璃珠随着郑和下西洋的宝舡,销往南洋和西洋。巩珍是郑和下西洋的一个幕僚,归国后记录见闻,写下《西洋番国志》,其中有"(占城国)所喜者中国青磁盘碗等器,及纻丝、绫绢、硝子珠等物,皆执金来转易而去",又有"(爪哇国)国人最喜青花瓷器并麝香、花绣、纻丝、硝子珠等货"的记载。占城国即今天的越南,爪哇是今天的印度尼西亚,中国明代的玻璃珠作为受欢迎的贸易品销往东南亚,说明明代玻璃珠的质量好、产量大。

明代的达官贵人不再欣赏玻璃器,玻璃制造业不得不降低成本,增加产量,在普通百姓中寻找市场,其结果是明代的玻璃工艺水平比宋元时有所下降。我们说明代是中国玻璃制造的衰落期,并不是指产品的数量,而是指产品的质量、工艺水平及玻璃在社会上的价值。

清代玻璃制造的复兴

清代玻璃器在国外享有很高的声誉,但在国内还没有引起人们的重视,这是因为大多数清代玻璃精品都流失到国外,只有数量不多的一部分留在国内,一般人没有机会见到。20世纪初,随着清王朝的覆灭,中国社会进入了动荡不安的时期。就在那个非常时期,大量古董和精美艺术品流失国外,其中有不少是从宫廷中流失出来的精美玻璃器。当这批清代玻璃出现在欧美的古董市场上时,令西方玻璃收藏爱好者目瞪口呆。西方人一直以罗马、威尼斯的玻璃艺术感到自豪,他们从来没有想到在东方的中国竟能生产这样完美无缺的玻璃器。他们随即提出这样的问题:这批玻璃是中国制造的,还是欧洲人为中国人制造的?

近年来,由于中国学者也开始对清代玻璃进行研究,很多问题已经比较清楚了。可以说,清代玻璃是在明代原有的玻璃制造的基础上,吸收了西方最新的玻璃技术,在皇帝、王公大臣的积极扶持下,不惜工本,创造出的东方玻璃奇葩。

明朝末年,农民起义摧垮了明王朝的统治。清兵入关，于 1644 年建立清王朝。清王朝基本上沿袭了明代的各种封建制度，但是并没有完全承袭明代陈腐守旧的观念，在对玻璃的看法上，清人就与明人截然不同。

康熙皇帝（1654～1722 年）是清入关后的第二个皇帝，在位 61 年。康熙爱好自然科学，兴趣广泛，不仅国学基础深厚，而且积极学习西方科学技术知识。欧洲的玻璃制造工艺，也引起康熙皇帝的兴趣。

伊斯兰帝国衰落后，欧洲南部的威尼斯继承了伊斯兰玻璃工艺，并很快地发展起来。威尼斯玻璃解决了玻璃无色透明和气泡等问题，在装饰手法上有很多创新，制品精美细腻，别具一格。15～17 世纪是威尼斯玻璃艺术的鼎盛时期，产品畅销全欧乃至全球。威尼斯玻璃制造业能够迅速发展并长盛不衰，是与当局对玻璃工匠既控制又收买的政策分不开的。1291 年，威尼斯当局将玻璃业从市内搬迁到穆拉诺岛上，名义上是为了防止城市火灾，实际上是为了控制玻璃匠。为了保持从玻璃生产中获得巨额利润，威尼斯当局不允许玻璃匠离开穆拉诺岛，对玻璃工艺严格保密。1454 年政府下令对泄露机密的工匠施以酷刑，直至处死。同时当局为了笼络玻璃匠师，甚至打破威尼斯社会传统，于 1346 年颁布了玻璃工匠的女儿可以和威尼斯贵族通婚，其后裔享受贵族一切特权。1574 年，法国皇帝亨利三世到威尼斯时，曾把法国贵族的称号授予一流玻璃匠师。但当局迫害与收买相结合的手段，并没有达到完全控制工匠的目的，逃出穆拉诺岛的工匠相继在德国、奥地利、比利时、荷兰、法国和英国建立起威尼斯式的玻璃工厂。直到 1612 年，佛罗伦萨人安东尼奥·奈利出版了《玻璃艺术》一书，长期保密的威尼斯玻璃制造的秘密才公布于众。

欧洲基督教于 1534 年创立耶稣会。耶稣会士 16 世纪下半叶开始来华，其中利玛窦（意大利人）、汤若望（德国人）、南怀仁（比利时人）等都具有一定的欧洲科学技术知识，并且得到一些皇帝的赏识。清康熙皇帝就与耶稣会士有着密切往来。

康熙三十五年（1696 年），康熙皇帝下旨建立玻璃厂，隶属养心殿造办处。宫廷玻璃厂自建立后，至 1911 年清灭亡为止，在 250 年间，制造了大量玻璃器。促使康熙皇帝下决心建立宫廷玻璃厂，很可能是受到耶稣会士的影响。根据清代文献记载，在玻璃厂设立前的 20 年中，康熙皇帝陆续收到来自丹麦、俄国、意大利耶稣会士送来的玻璃器，这些华丽的玻璃器可能给康熙留下了很深刻的印象。

康熙与造办处玻璃厂的密切关系，也可以从国外的一些资料得到证明。英国物理学家约翰·波尔（1691～1780 年）曾陪俄国传教士于 1719～1722 年到过中国，在他 1720 年的笔记中写道："我们还和宫廷玻璃厂打交道。皇帝陛下很高兴经常参观玻璃厂，这个厂是他亲自诏令设立的。这是中国第一个生产玻璃的工厂。管理这个工厂的是个德国神父，名叫 Kilian Stumpf（中国名字纪里安），他最近去世了。他是个很受皇帝宠爱的人，并且在中国以他的博学和机敏而闻名。康熙陛下非常喜欢玻璃器，有一次他选了一批精工细作的玻璃器送给俄国沙皇做礼品。"

康熙时的玻璃器流传至今的不多。今故宫博物院藏有1件带"康熙御制"刻款的玻璃水丞,这是一件仿水晶的无色透明的玻璃器,器表面经过切割抛光,呈六方形连锁图案。从文献上得知康熙时的玻璃器"浑朴简古,光照艳烂如异宝",已能生产水晶玻璃、洒金蓝玻璃和套色玻璃。康熙时的文人王士禛在1702年出版的《香祖笔记》中说:"近日京师又有制为鼻烟者,云可明目,尤有辟疫之功,以玻璃为瓶贮之。瓶之形象,种种不一,颜色亦具红紫黄白黑绿诸色,白如水晶,红如火齐,极可爱玩。以象齿为匙,就鼻嗅之,还纳于瓶。皆内府制造,民间亦或仿而为之,终不及。"

雍正时,玻璃厂厂址移到圆明园六所,玻璃生产相当活跃。故宫博物院现存雍正款玻璃器12件,其中有淡黄、黄、深黄、雄黄、白、浅蓝、亮紫等单色玻璃,器形有八棱瓶、小缸、水盂、渣斗、圆盒等几种。这些玻璃器色彩鲜艳,质量很好。美国旧金山亚洲艺术博物馆藏有一件带"雍正年制"刻款的磨花玻璃碗,蓝色透明,表面用砂轮磨出荷花、卷枝叶和寿字纹,口径17.3厘米。另一件带有雍正年款的玻璃碗藏在美国堪萨斯城纳尔逊·阿特金斯艺术馆,碗和高圈足都是用无色透明玻璃制作的,但碗的底部外层又套上一层深蓝色玻璃。这是现存最早的套色玻璃。国外一些私人收藏家手中的带雍正款的玻璃器不少,其中单色觚形瓶和多棱面长颈瓶的艺术造诣都很高。加拿大多伦多安大略皇家博物馆收藏的一件雍正年款的棒槌形玻璃瓶也很特别，是用白色不透明的玻璃制成，瓶的颈部和腹部的装饰是珐琅彩绘花卉植物，若不仔细观察，会误以为是珐琅彩绘的白瓷器。

乾隆时的玻璃器形制华丽、花纹精致，是清代玻璃生产的鼎盛时代。当时已能生产金星玻璃、缠丝玻璃和套色玻璃，装饰技法多采用雕刻、描彩、泥金和珐琅彩。故宫博物院收藏的乾隆时期的玻璃器有数百件，其中很多都带有"乾隆年制"的刻款。三色螺旋纹玻璃瓶的底部刻有"乾隆年制"款，高20.8厘米，口径11.0厘米。玻璃的内层为白色不透明玻璃，外层为红、白、蓝三色螺旋纹。这件瓶的制作肯定是受了威尼斯缠丝玻璃的影响。套色刻花玻璃是乾隆玻璃中的佼佼者。故宫藏的乾隆款白底套红玻璃双龙纹瓶，高29.5厘米，内层玻璃为白色不透明，外层玻璃为红色半透明，两层紧密结合成一体，通过对外层红玻璃的雕刻，露出内层的白色，红色玻璃纹饰半浮雕式地凸起在白色玻璃底上，红白分明，非常漂亮。故宫藏的另一件黄底套红玻璃钵（见图52），底部也刻有"乾隆年制"款。美国纽约州康宁玻璃博物馆藏一件白底套红玻璃大瓶，高达48.9厘米，雕刻的纹饰是楼阁和骑马人物。从世界玻璃发展史上看，套色刻花玻璃工艺最早产生于罗马帝国时期，

图52 故宫藏黄底套红玻璃钵

（乾隆年制）

七　中国玻璃制造的衰落与复兴

称为卡米奥（Cameo）玻璃。罗马卡米奥玻璃中最喜欢采用的两种颜色是内层为黑色不透明，外层为白色不透明，最著名的作品是收藏在大英博物馆的波特兰德（Portland）瓶。国外的研究者多重视清代套色刻花玻璃与罗马卡米奥玻璃之间的关系，却忽略中国传统工艺中的对俏色玉的处理。自然界很少有无瑕之玉石，碾玉匠在处理玉石料上不同颜色的斑点时，往往不是去掉斑点，而是巧妙地根据斑点的形状和颜色，雕刻成玉器上的装饰。两种颜色结合在一起的套色玻璃，正像一块人工的俏色玉，工匠们可以雕刻出表现力更强的作品。这是套色刻花玻璃易被中国人接受、并得以发展的主要原因。

乾隆时的不透明玻璃器也非常引人注目。红色、天蓝色、绿色、橘红色、黑色、白色等不透明玻璃，件件色彩艳丽纯正，说明乾隆时不仅制造仿水晶的无色透明玻璃，而且仿制绿松石、鸡血石、煤精石、白玉等半透明或不透明的玻璃。乾隆时的明黄色不透明玻璃值得注意。自然界很少有黄色的玉石，但清朝王朝对明黄色有特殊的感情，规定明黄色是皇族的专用色，其他人不能僭越。

嘉庆以后，清宫玻璃开始走下坡路，器物颜色混浊，器形也不太规整，雕刻粗糙，款识潦草。但这一时期玻璃鼻烟壶的制作和加工仍不乏精品。

毫无疑问，清代宫廷玻璃厂制造出来的精品，与欧洲传教士带来的先进技术分不开，但是国外学者的研究往往忽略了中国玻璃制造的历史、清代其他民间玻璃产地以及中国传统工艺对玻璃制造的影响,他们根据的文献往往带有偏见。例如,英国人约翰·波尔1720年的笔记在谈到宫廷玻璃厂是中国第一个玻璃厂时,写道:"非常奇怪,中国人这么多年来竟不知道怎样制造玻璃,这可以从他们现在熔玻璃的温度不够高、玻璃产品中还含有一些没有熔化的砂子看出来。很明显,在宫廷玻璃厂设立之前,中国人没有任何关于玻璃的知识。不久之前,我听说,一些欧洲人运到广州一批玻璃多棱镜,中国人把他们当做天然的水晶制品,花费100盎司的白银买一根玻璃三棱镜。后来由于三棱镜进口数量太多了,他们知道上当了。"如果说约翰·波尔当时由于在华时间短、不了解中国的历史和文化,写下这样的笔记是可以谅解的,那么200年后的今天,研究者如果还抱有这样的观点,就只能将研究引向歧途。

从清代留下的大量档案材料中,我们知道养心殿造办处玻璃厂所用的工匠来自广州和博山,玻璃原料来自博山。博山自元代起就是中国的玻璃制造中心,清光绪年间,每年向外地输出7000余担玻璃制品。清宫廷玻璃厂与博山玻璃制造之间的关系值得注意。近几年,故宫博物院将7件清代玻璃样品送国家建筑材料研究院进行了化学检测,其中5件为钾钙玻璃,其成分与博山清代玻璃是一致的,只有2件样品是欧洲常见的钠钙玻璃,说明宫廷玻璃厂还是主要采用我国自己的玻璃配方。

清代玻璃中有很多工艺都是中国工匠的独创。中国人由于喜爱半透明和不透明的玻璃,采用了氟作为玻璃的乳浊剂,这在世界上是独创的。欧洲人大概钟情于无色透明的仿水晶玻璃,不太能欣赏半透明玻璃之美妙。约翰·波尔认为中国玻璃熔制温度不够高,玻璃制品中还有一些没有熔化的砂子的看法,代表了当时欧洲人的鉴赏水平,他们不知道中国人喜爱这种不透明的玻璃。另外清代玻璃在利用钾、铅等元素作为着色剂,配制出不透明的黄色和红色玻璃方面,也很有独到之处。清代玻璃利用硼砂增加玻璃的耐冷热骤性,也比较早。

  清宫玻璃厂的设立对民间玻璃工艺的发展也有积极的促进作用。清代北京玻璃加工业是作为宫廷玻璃厂的副产品,以适应达官贵人的需求而发展起来的。清代贵族和官商界嗜好鼻烟,因而兴起了玻璃鼻烟壶的制造。乾隆时期,北京三家著名的玻璃鼻烟壶作坊互相竞争,争艳斗胜,轰动一时。除了博山和广州两个玻璃制造中心外,清代苏州的玻璃制造也很发达。顾禄的《桐桥倚棹录》记载了苏州玻璃灯的制作:"以碎玻璃捣如米屑,淘洗极净,入炉重熔,一气呵成。灯盘、灯架以铜锡为主,反面以五彩黝(釉)描凤穿牡丹之类。"很遗憾,这样漂亮的玻璃灯没有保存下来。

  清代民间玻璃生产的发展,也可以从大量的玻璃珠和玻璃饰品的出口看出来。美国在乾隆四十七年派"中国皇后"号商船到中国通商,开创了中美之间的直接贸易。"中国皇后"号运来的是美国的土特产,其中以人参、毛皮为主,从广州购进的是茶叶、瓷器、丝绸和玻璃珠饰。但中国玻璃珠饰出口到美国,没有受到研究者重视。近年来,美国考古学家在发掘土著印第安人的遗址时,发现很多清代玻璃珠饰。印第安人非常喜爱中国的玻璃珠,除了随身佩带外,还作为竹篮上的装饰,称之为"老祖母的篮子"。印第安人用打猎得到的毛皮换取中国的玻璃珠。这项玻璃珠与毛皮的贸易兴旺了100多年。

参考书目

1. 《中国古玻璃研究——1984年北京国际玻璃学术讨论会论文集》，中国建筑工业出版社，1986。
2. 安家瑶：《我国古代玻璃研究中的几个问题》，《中国考古学研究》，文物出版社，1986。
3. 杨伯达：《清代玻璃概述》，《故宫博物院院刊》1983年第4期。
4. 安家瑶：《中国的早期玻璃器皿》，《考古学报》1984年4期。
5. 高至喜：《论我国春秋战国的玻璃器及有关问题》，《文物》1985年12期。
6. 史美光等：《一批中国汉墓出土钾玻璃的研究》，《硅酸盐学报》，1986年第14卷3期。
7. 史美光等：《一批中国古代铅玻璃的研究》，《硅酸盐通报》1986年第5卷1期。
8. 黄启善：《广西古代玻璃制品的发现及其研究》，《考古》1988年3期。
9. 杨伯达：《清代玻璃配方化学成分的研究》，《故宫博物院院刊》1990年第2期。

10. 赵匡华:《试探中国传统玻璃的源流及炼丹术在其间的贡献》,《自然科学史研究》1991年第10卷第2期。

《中国史话》总目录

系列名	序号	书名	作者
物质文明系列（10种）	1	农业科技史话	李根蟠
	2	水利史话	郭松义
	3	蚕桑丝绸史话	刘克祥
	4	棉麻纺织史话	刘克祥
	5	火器史话	王育成
	6	造纸史话	张大伟　曹江红
	7	印刷史话	罗仲辉
	8	矿冶史话	唐际根
	9	医学史话	朱建平　黄　健
	10	计量史话	关增建
物化历史系列（28种）	11	长江史话	卫家雄　华林甫
	12	黄河史话	辛德勇
	13	运河史话	付崇兰
	14	长城史话	叶小燕
	15	城市史话	付崇兰
	16	七大古都史话	李遇春　陈良伟
	17	民居建筑史话	白云翔
	18	宫殿建筑史话	杨鸿勋
	19	故宫史话	姜舜源
	20	园林史话	杨鸿勋
	21	圆明园史话	吴伯娅
	22	石窟寺史话	常　青
	23	古塔史话	刘祚臣
	24	寺观史话	陈可畏
	25	陵寝史话	刘庆柱　李毓芳
	26	敦煌史话	杨宝玉
	27	孔庙史话	曲英杰
	28	甲骨文史话	张利军
	29	金文史话	杜　勇　周宝宏

系列名	序号	书名	作者
物化历史系列（28种）	30	石器史话	李宗山
	31	石刻史话	赵超
	32	古玉史话	卢兆荫
	33	青铜器史话	曹淑芹 殷玮璋
	34	简牍史话	王子今 赵宠亮
	35	陶瓷史话	谢端琚 马文宽
	36	玻璃器史话	安家瑶
	37	家具史话	李宗山
	38	文房四宝史话	李雪梅 安久亮
制度、名物与史事沿革系列（20种）	39	中国早期国家史话	王和
	40	中华民族史话	陈琳国 陈群
	41	官制史话	谢保成
	42	宰相史话	刘晖春
	43	监察史话	王正
	44	科举史话	李尚英
	45	状元史话	宋元强
	46	学校史话	樊克政
	47	书院史话	樊克政
	48	赋役制度史话	徐东升
	49	军制史话	刘昭祥 王晓卫
	50	兵器史话	杨毅 杨泓
	51	名战史话	黄朴民
	52	屯田史话	张印栋
	53	商业史话	吴慧
	54	货币史话	刘精诚 李祖德
	55	宫廷政治史话	任士英
	56	变法史话	王子今
	57	和亲史话	宋超
	58	海疆开发史话	安京

系列名	序号	书名	作者
交通与交流系列（13种）	59	丝绸之路史话	孟凡人
	60	海上丝路史话	杜 瑜
	61	漕运史话	江太新 苏金玉
	62	驿道史话	王子今
	63	旅行史话	黄石林
	64	航海史话	王 杰 李宝民 王 莉
	65	交通工具史话	郑若葵
	66	中西交流史话	张国刚
	67	满汉文化交流史话	定宜庄
	68	汉藏文化交流史话	刘 忠
	69	蒙藏文化交流史话	丁守璞 杨恩洪
	70	中日文化交流史话	冯佐哲
	71	中国阿拉伯文化交流史话	宋 岘
思想学术系列（21种）	72	文明起源史话	杜金鹏 焦天龙
	73	汉字史话	郭小武
	74	天文学史话	冯 时
	75	地理学史话	杜 瑜
	76	儒家史话	孙开泰
	77	法家史话	孙开泰
	78	兵家史话	王晓卫
	79	玄学史话	张齐明
	80	道教史话	王 卡
	81	佛教史话	魏道儒
	82	中国基督教史话	王美秀
	83	民间信仰史话	侯 杰
	84	训诂学史话	周信炎
	85	帛书史话	陈松长
	86	四书五经史话	黄鸿春

系列名	序号	书名	作者	
思想学术系列（21种）	87	史学史话	谢保成	
	88	哲学史话	谷 方	
	89	方志史话	卫家雄	
	90	考古学史话	朱乃诚	
	91	物理学史话	王 冰	
	92	地图史话	朱玲玲	
文学艺术系列（8种）	93	书法史话	朱守道	
	94	绘画史话	李福顺	
	95	诗歌史话	陶文鹏	
	96	散文史话	郑永晓	
	97	音韵史话	张惠英	
	98	戏曲史话	王卫民	
	99	小说史话	周中明	吴家荣
	100	杂技史话	崔乐泉	
社会风俗系列（13种）	101	宗族史话	冯尔康	阎爱民
	102	家庭史话	张国刚	
	103	婚姻史话	张 涛	项永琴
	104	礼俗史话	王贵民	
	105	节俗史话	韩养民	郭兴文
	106	饮食史话	王仁湘	
	107	饮茶史话	王仁湘	杨焕新
	108	饮酒史话	袁立泽	
	109	服饰史话	赵连赏	
	110	体育史话	崔乐泉	
	111	养生史话	罗时铭	
	112	收藏史话	李雪梅	
	113	丧葬史话	张捷夫	

系列名	序号	书名	作者
近代政治史系列（28种）	114	鸦片战争史话	朱谐汉
	115	太平天国史话	张远鹏
	116	洋务运动史话	丁贤俊
	117	甲午战争史话	寇伟
	118	戊戌维新运动史话	刘悦斌
	119	义和团史话	卞修跃
	120	辛亥革命史话	张海鹏 邓红洲
	121	五四运动史话	常丕军
	122	北洋政府史话	潘荣 魏又行
	123	国民政府史话	郑则民
	124	十年内战史话	贾维
	125	中华苏维埃史话	温锐 刘强
	126	西安事变史话	李义彬
	127	抗日战争史话	荣维木
	128	陕甘宁边区政府史话	刘东社 刘全娥
	129	解放战争史话	朱宗震 汪朝光
	130	革命根据地史话	马洪武 王明生
	131	中国人民解放军史话	荣维木
	132	宪政史话	徐辉琪 付建成
	133	工人运动史话	唐玉良 高爱娣
	134	农民运动史话	方之光 龚云
	135	青年运动史话	郭贵儒
	136	妇女运动史话	刘红 刘光永
	137	土地改革史话	董志凯 陈廷煊
	138	买办史话	潘君祥 顾柏荣
	139	四大家族史话	江绍贞
	140	汪伪政权史话	闻少华
	141	伪满洲国史话	齐福霖

系列名	序号	书名	作者
近代经济生活系列（17种）	142	人口史话	姜涛
	143	禁烟史话	王宏斌
	144	海关史话	陈霞飞 蔡渭洲
	145	铁路史话	龚云
	146	矿业史话	纪辛
	147	航运史话	张后铨
	148	邮政史话	修晓波
	149	金融史话	陈争平
	150	通货膨胀史话	郑起东
	151	外债史话	陈争平
	152	商会史话	虞和平
	153	农业改进史话	章楷
	154	民族工业发展史话	徐建生
	155	灾荒史话	刘仰东 夏明方
	156	流民史话	池子华
	157	秘密社会史话	刘才赋
	158	旗人史话	刘小萌
近代中外关系系列（13种）	159	西洋器物传入中国史话	隋元芬
	160	中外不平等条约史话	李育民
	161	开埠史话	杜语
	162	教案史话	夏春涛
	163	中英关系史话	孙庆
	164	中法关系史话	葛夫平
	165	中德关系史话	杜继东
	166	中日关系史话	王建朗
	167	中美关系史话	陶文钊
	168	中俄关系史话	薛衔天
	169	中苏关系史话	黄纪莲
	170	华侨史话	陈民 任贵祥
	171	华工史话	董丛林

系列名	序号	书名	作者		
近代精神文化系列（18种）	172	政治思想史话	朱志敏		
	173	伦理道德史话	马 勇		
	174	启蒙思潮史话	彭平一		
	175	三民主义史话	贺 渊		
	176	社会主义思潮史话	张 武	张艳国	喻承久
	177	无政府主义思潮史话	汤庭芬		
	178	教育史话	朱从兵		
	179	大学史话	金以林		
	180	留学史话	刘志强	张学继	
	181	法制史话	李 力		
	182	报刊史话	李仲明		
	183	出版史话	刘俐娜		
	184	科学技术史话	姜 超		
	185	翻译史话	王晓丹		
	186	美术史话	龚产兴		
	187	音乐史话	梁茂春		
	188	电影史话	孙立峰		
	189	话剧史话	梁淑安		
近代区域文化系列（11种）	190	北京史话	果鸿孝		
	191	上海史话	马学强	宋钻友	
	192	天津史话	罗澍伟		
	193	广州史话	张 磊	张 苹	
	194	武汉史话	皮明庥	郑自来	
	195	重庆史话	隗瀛涛	沈松平	
	196	新疆史话	王建民		
	197	西藏史话	徐志民		
	198	香港史话	刘蜀永		
	199	澳门史话	邓开颂	陆晓敏	杨仁飞
	200	台湾史话	程朝云		

《中国史话》主要编辑出版发行人

总 策 划 谢寿光　王　正
执行策划 杨　群　徐思彦　宋月华
　　　　　　梁艳玲　刘晖春　张国春
统　　筹 黄　丹　宋淑洁
设计总监 孙元明
市场推广 蔡继辉　刘德顺　李丽丽
责任印制 岳　阳